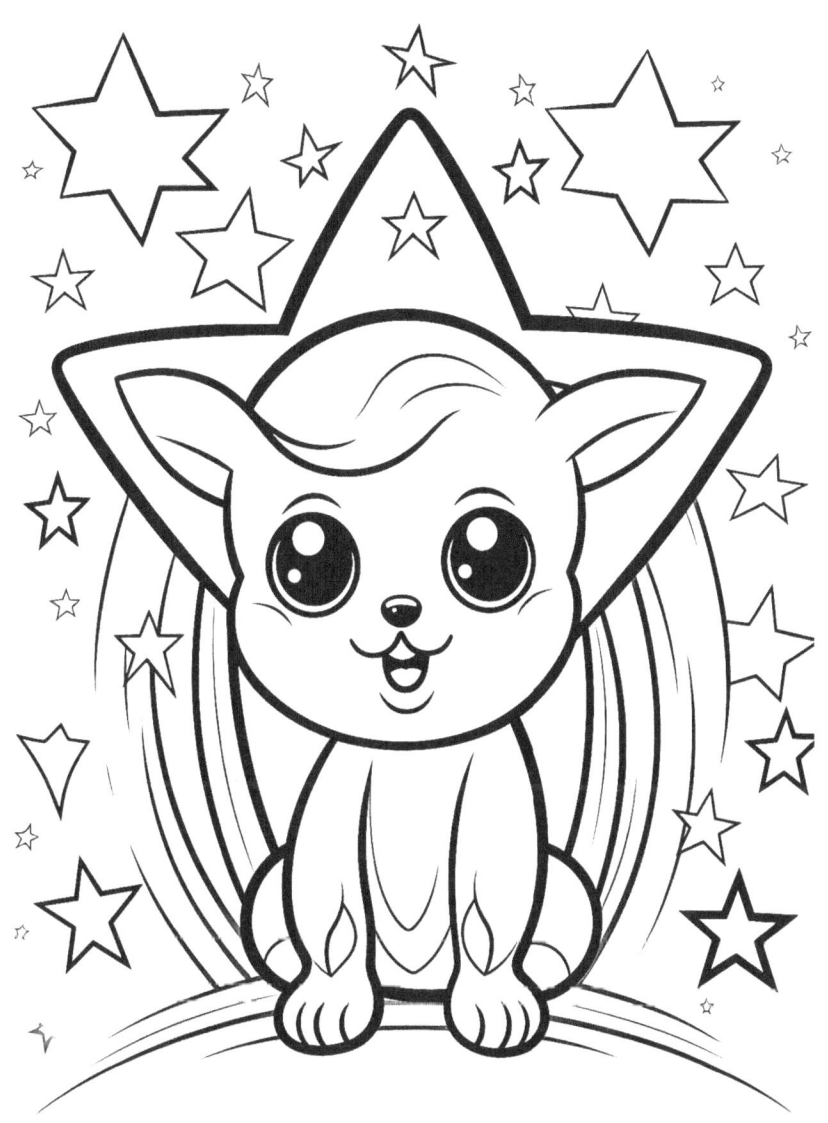

THIS BOOK BELONGS TO :

_____

_____

TEST COLOR PAGE

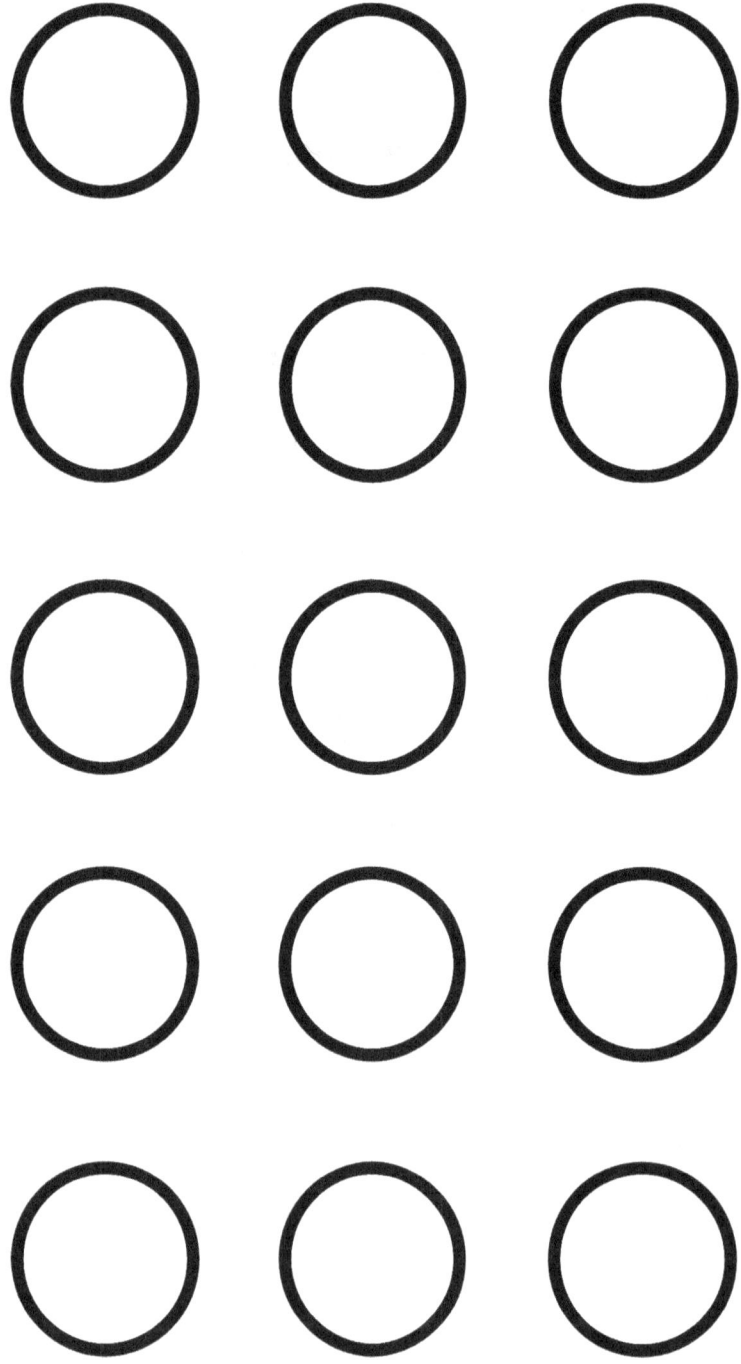

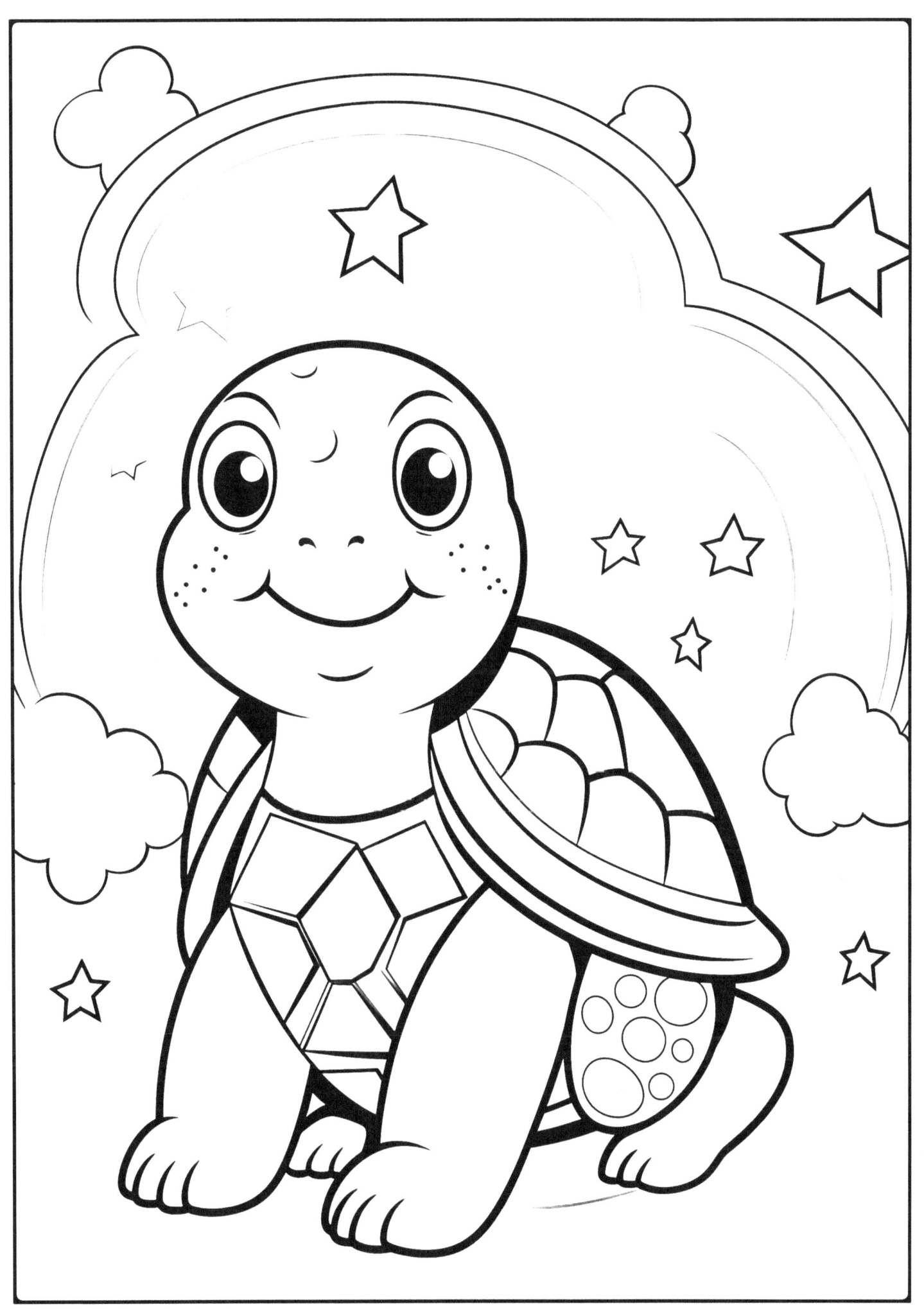

TEST COLOR PAGE

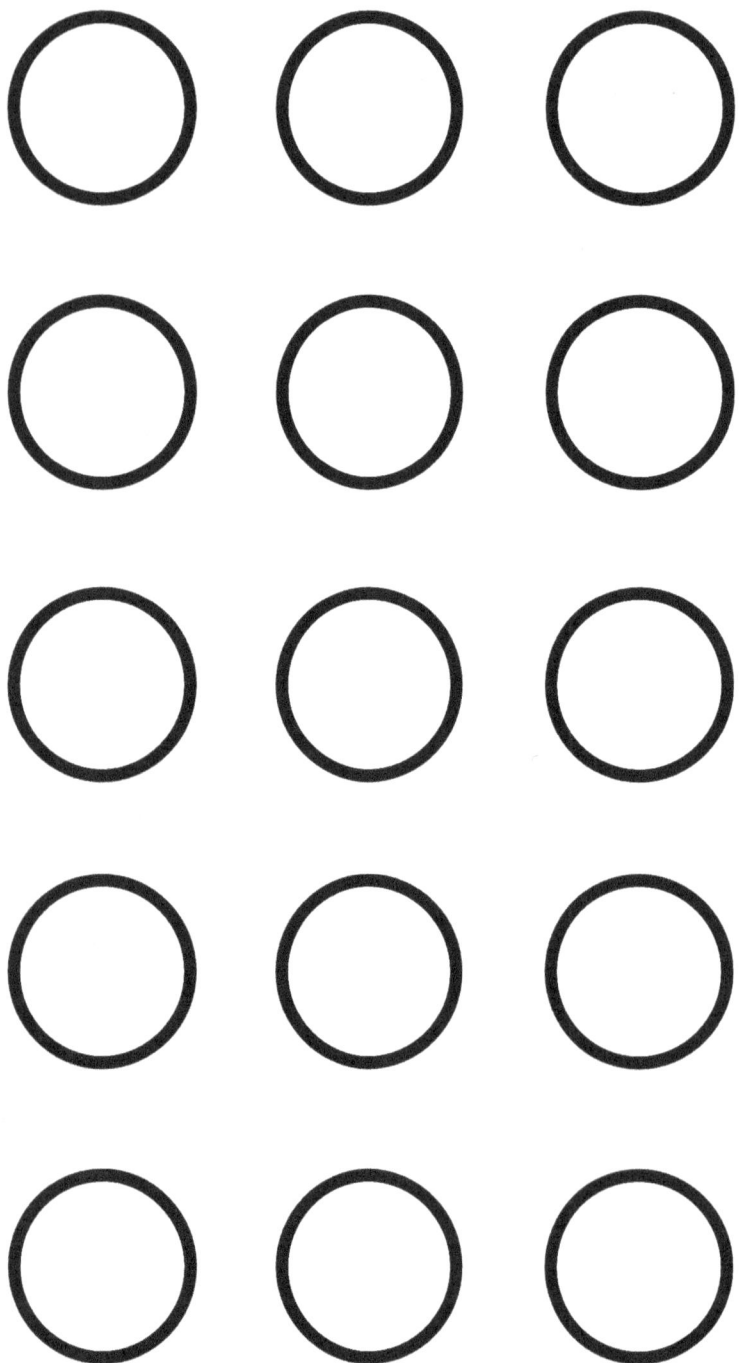

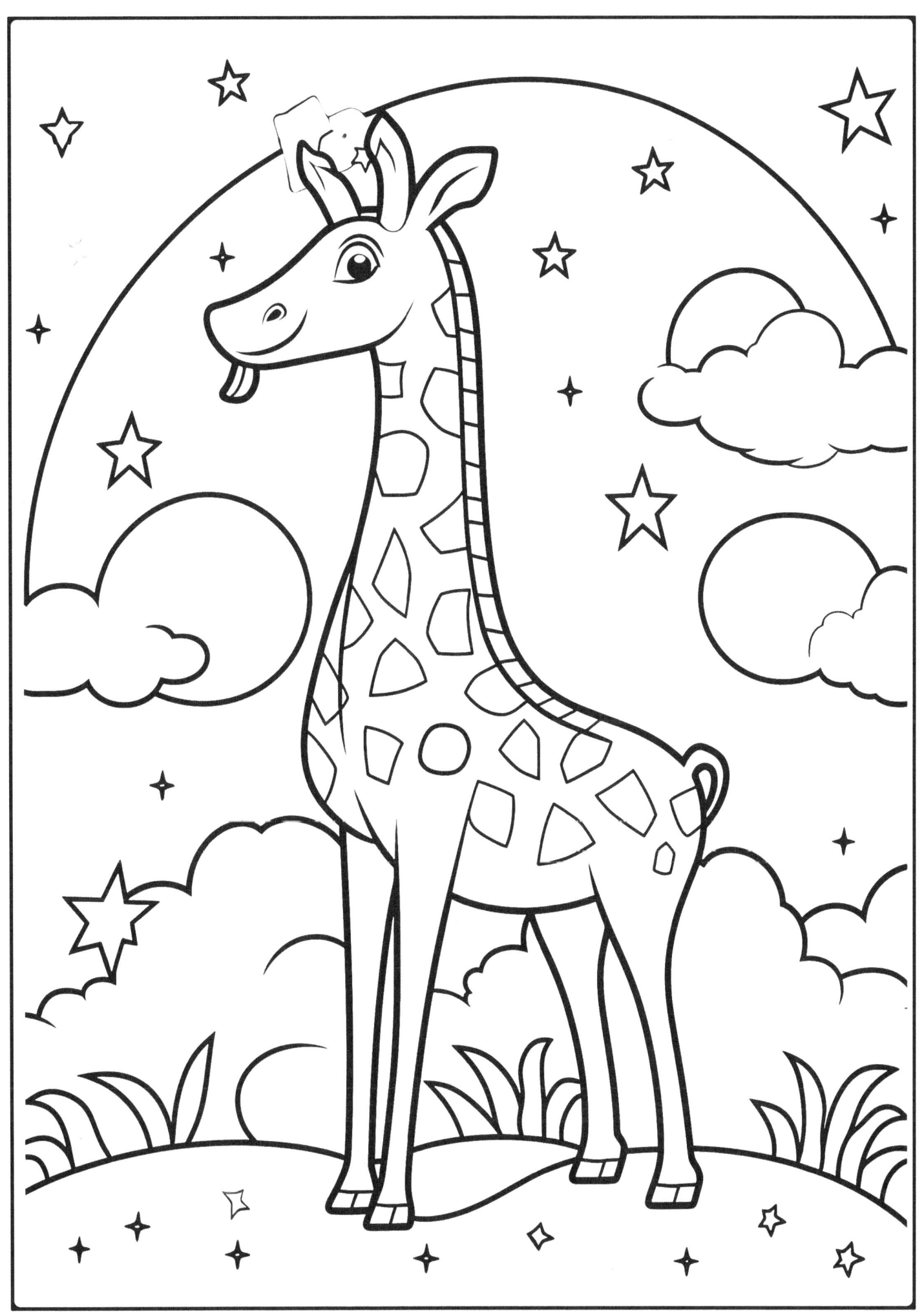

TEST COLOR PAGE

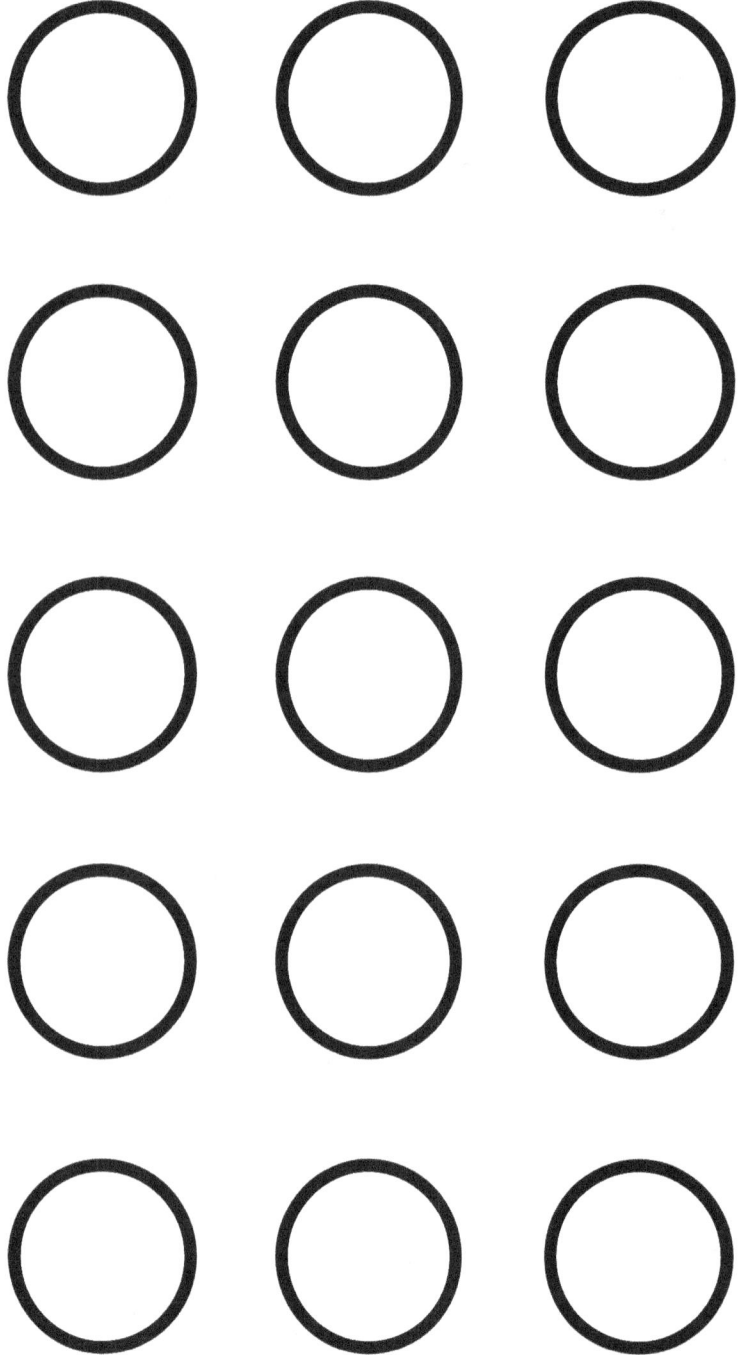

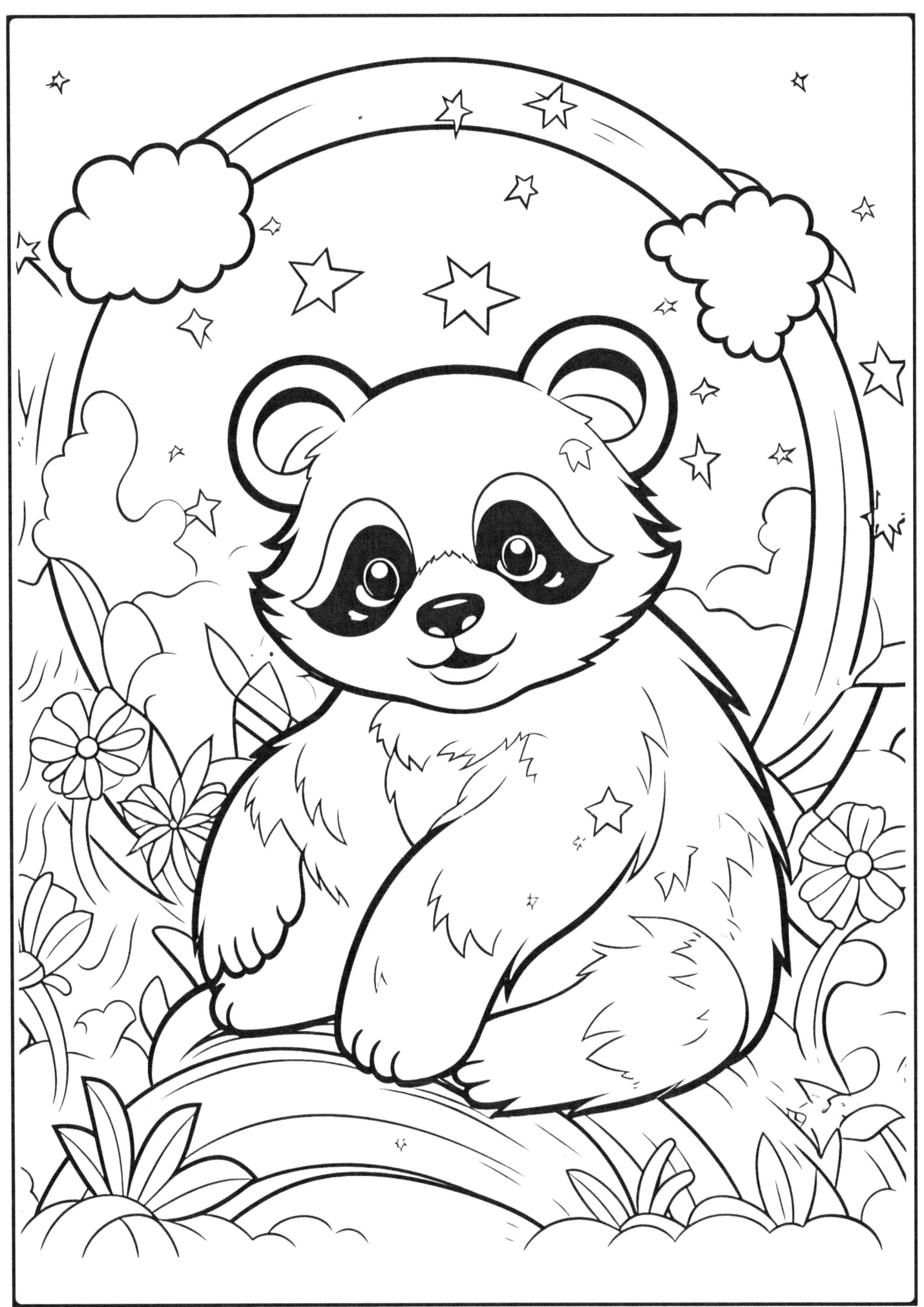

TEST COLOR PAGE

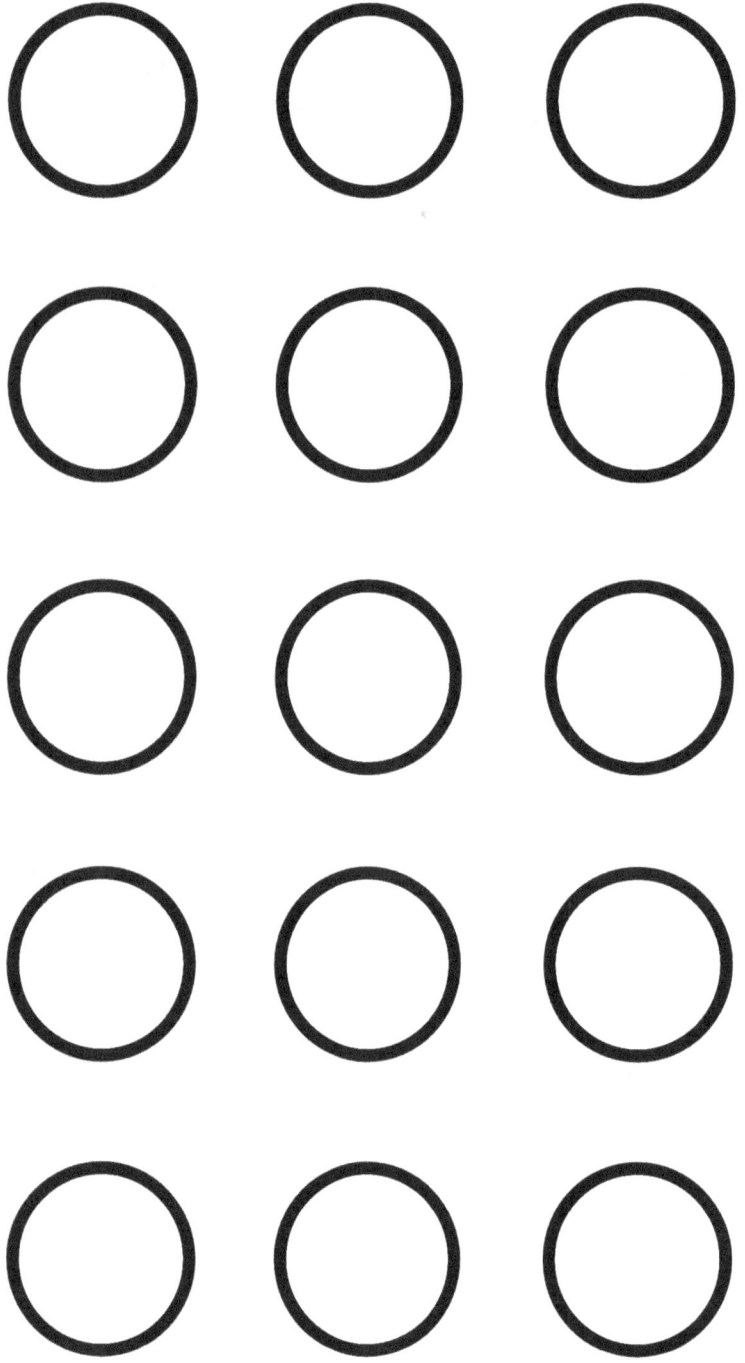

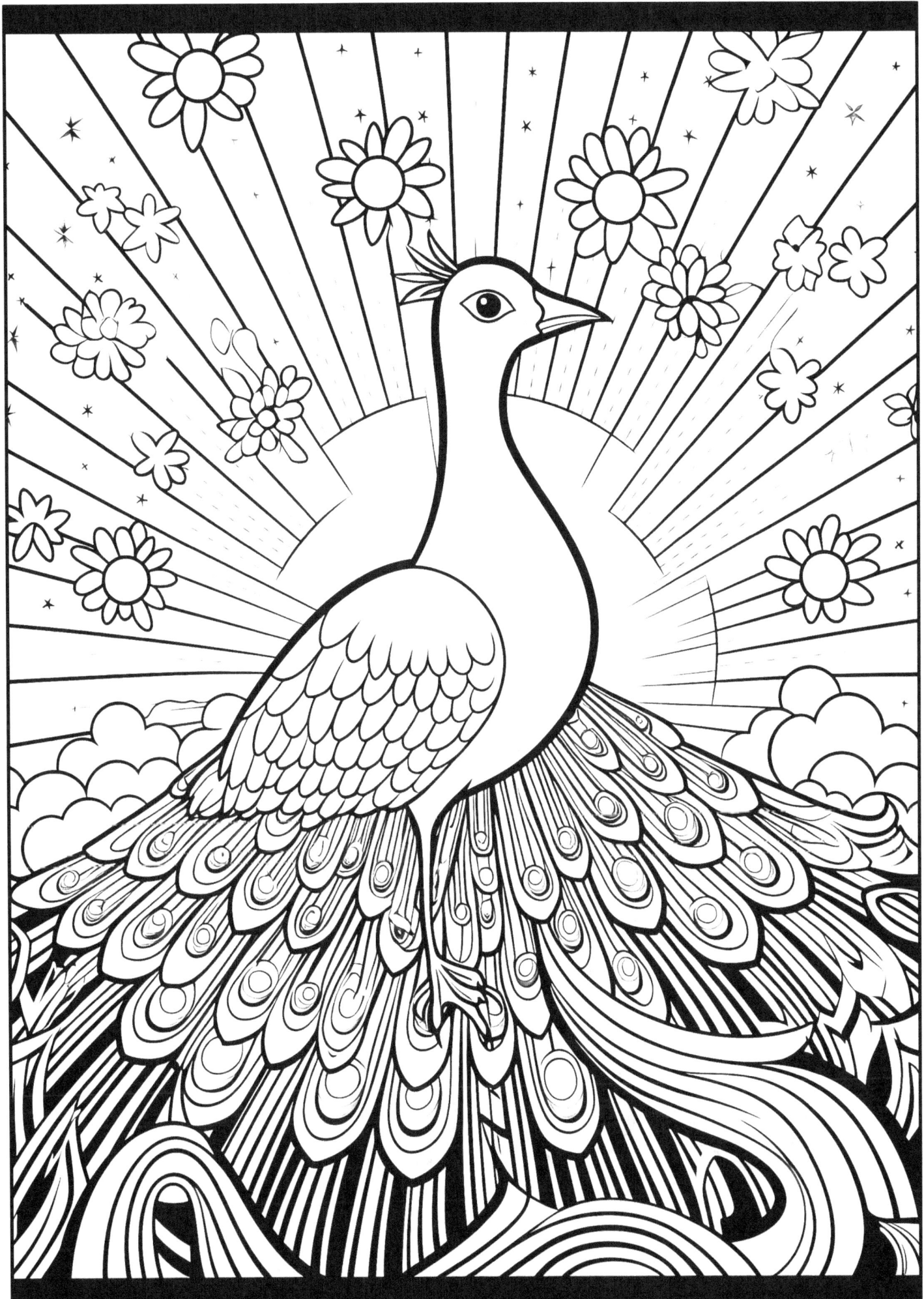

TEST COLOR PAGE

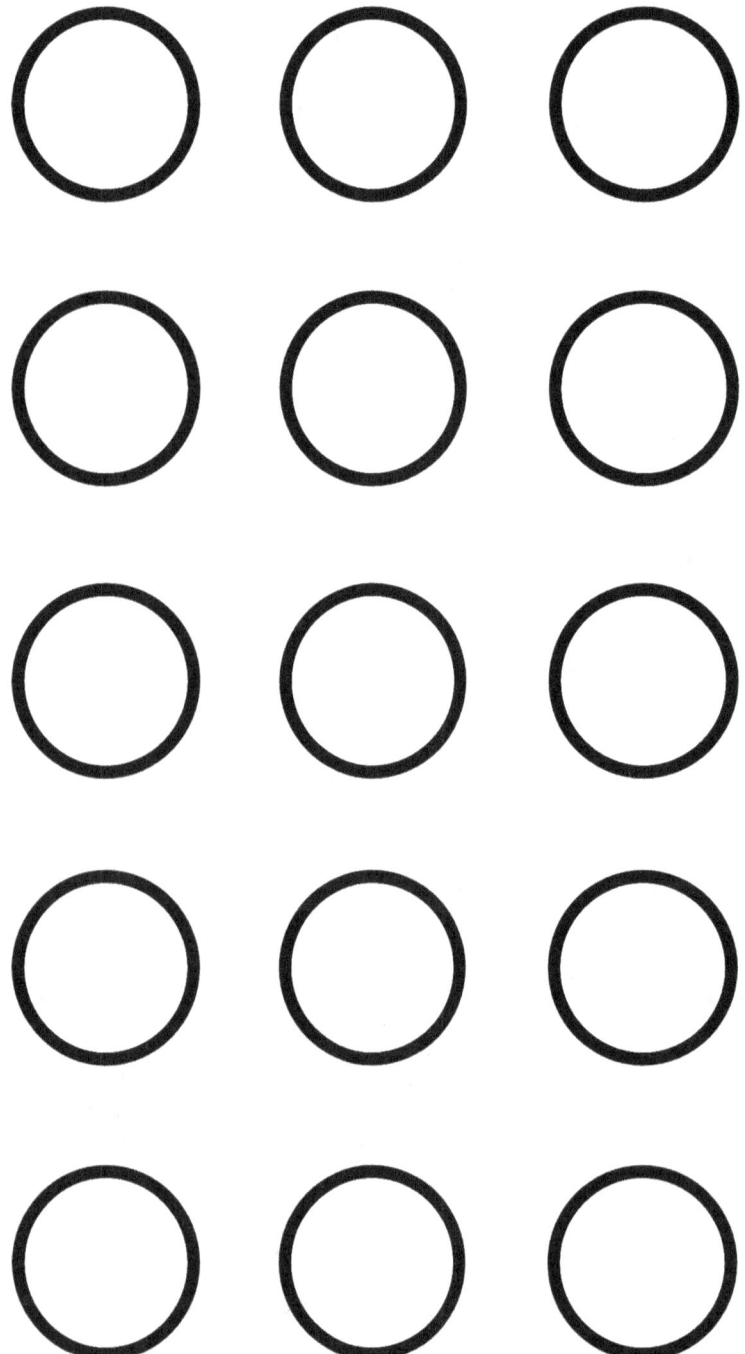

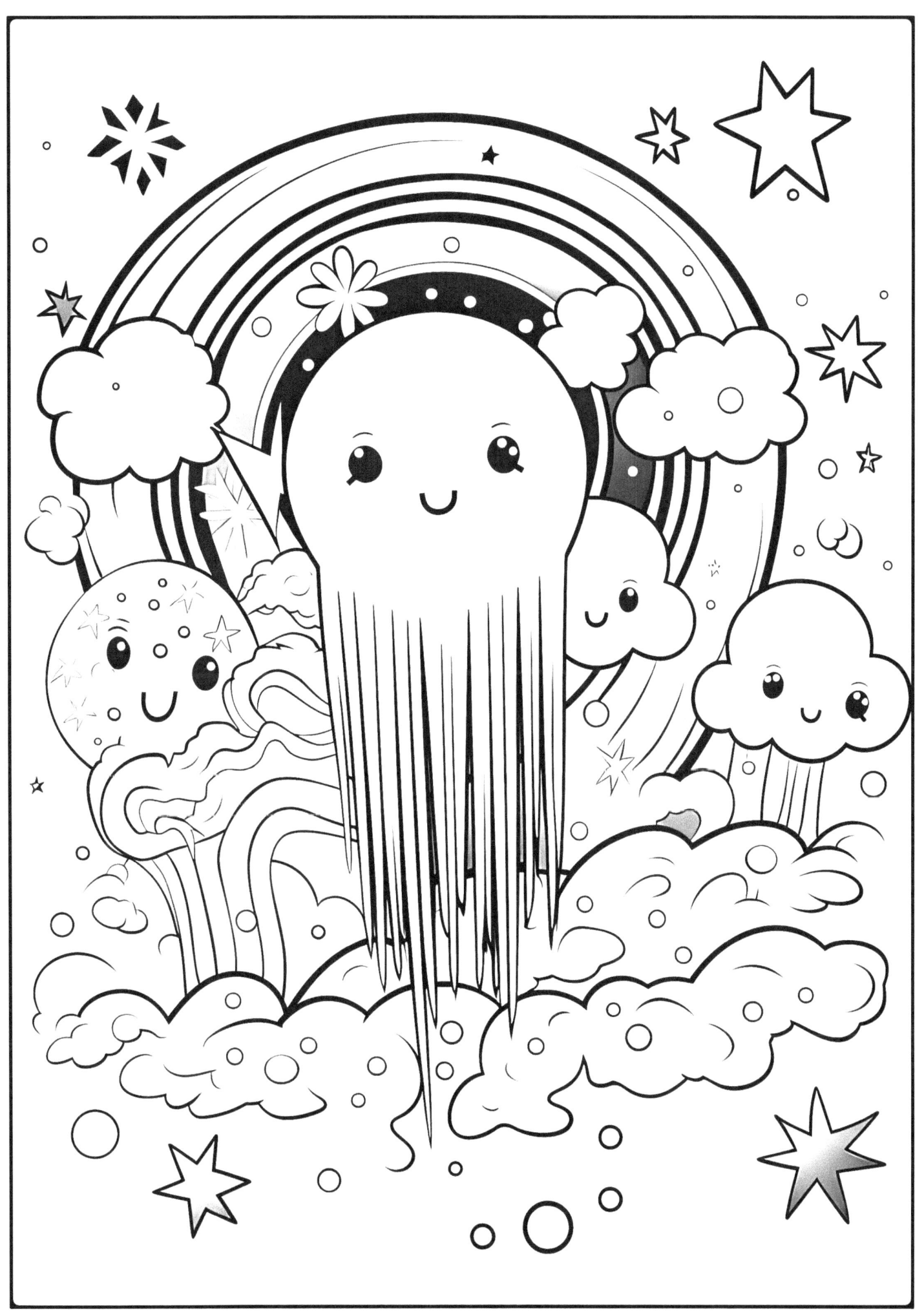

TEST COLOR PAGE

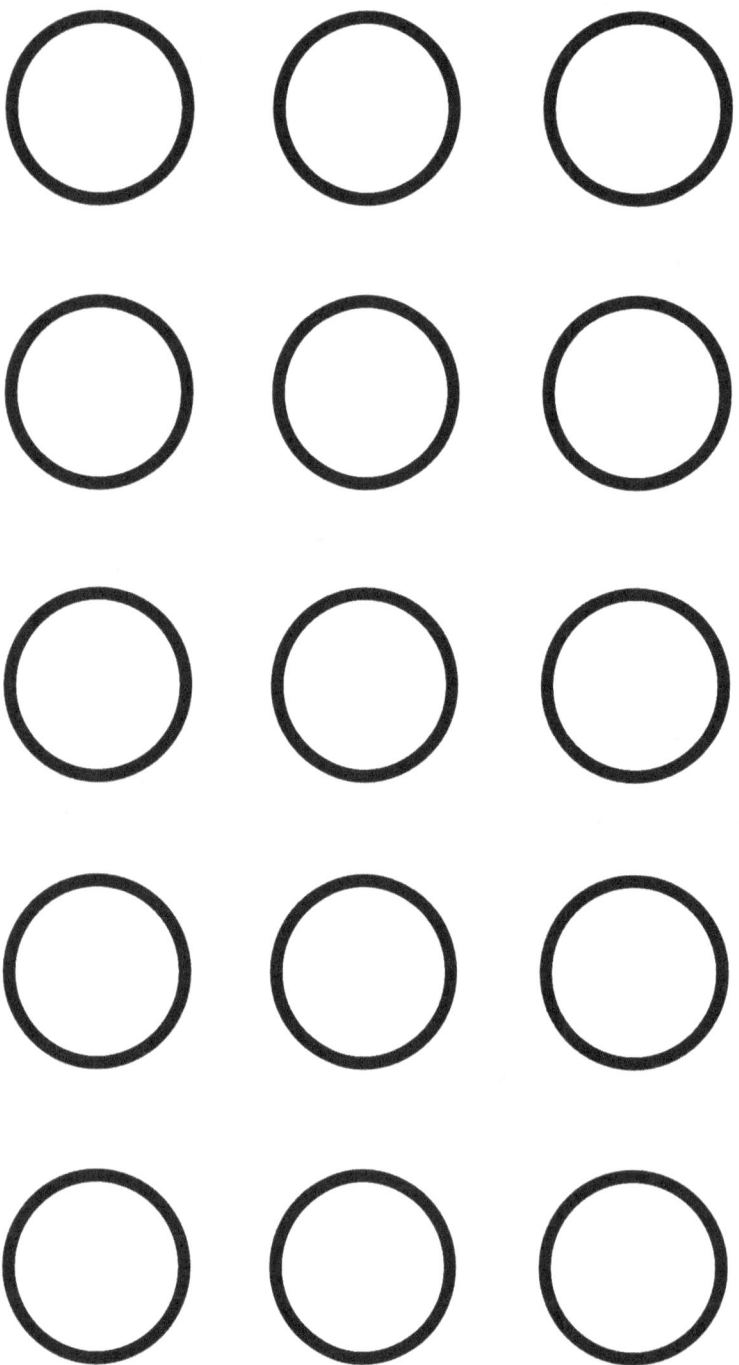

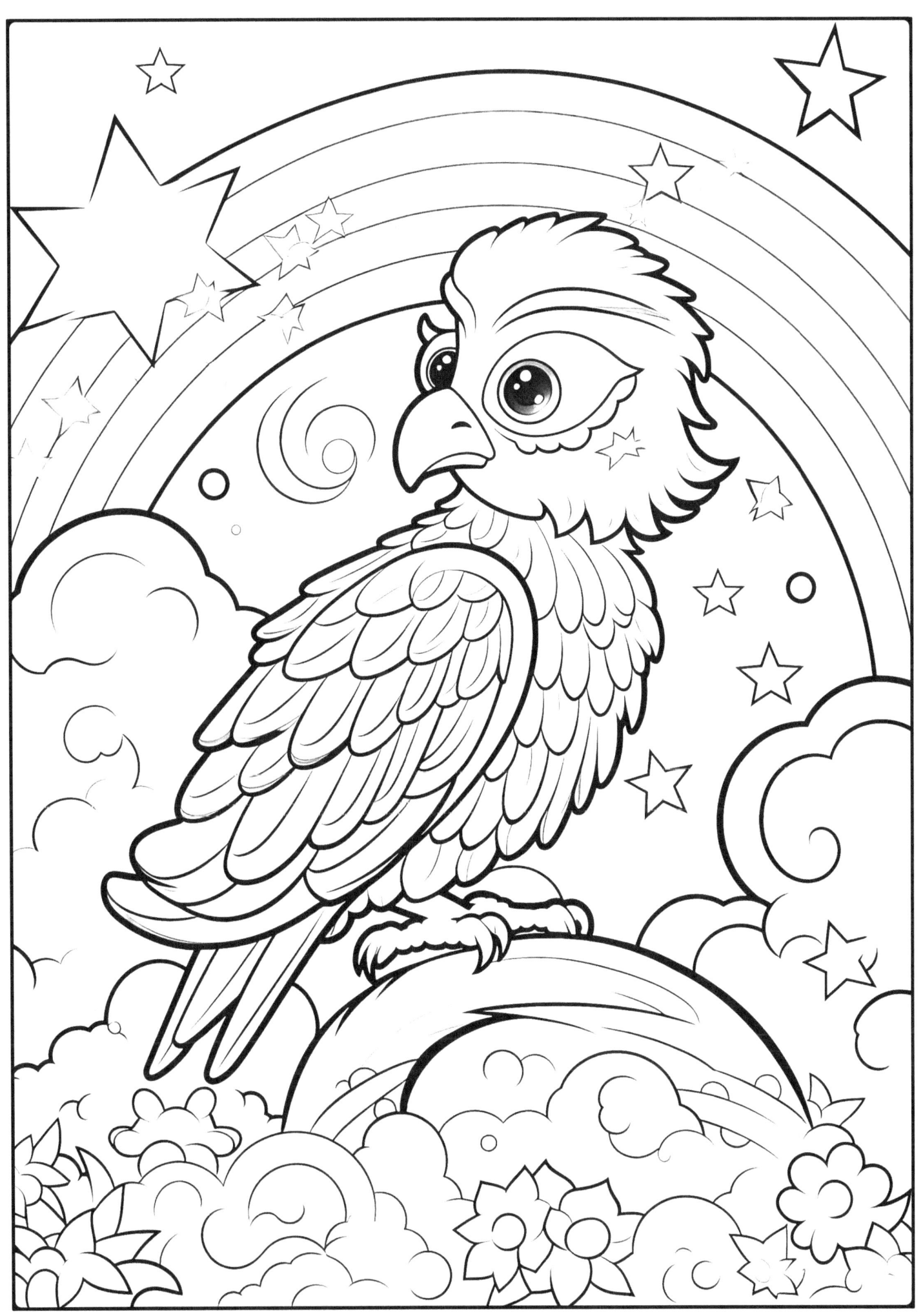

TEST COLOR PAGE

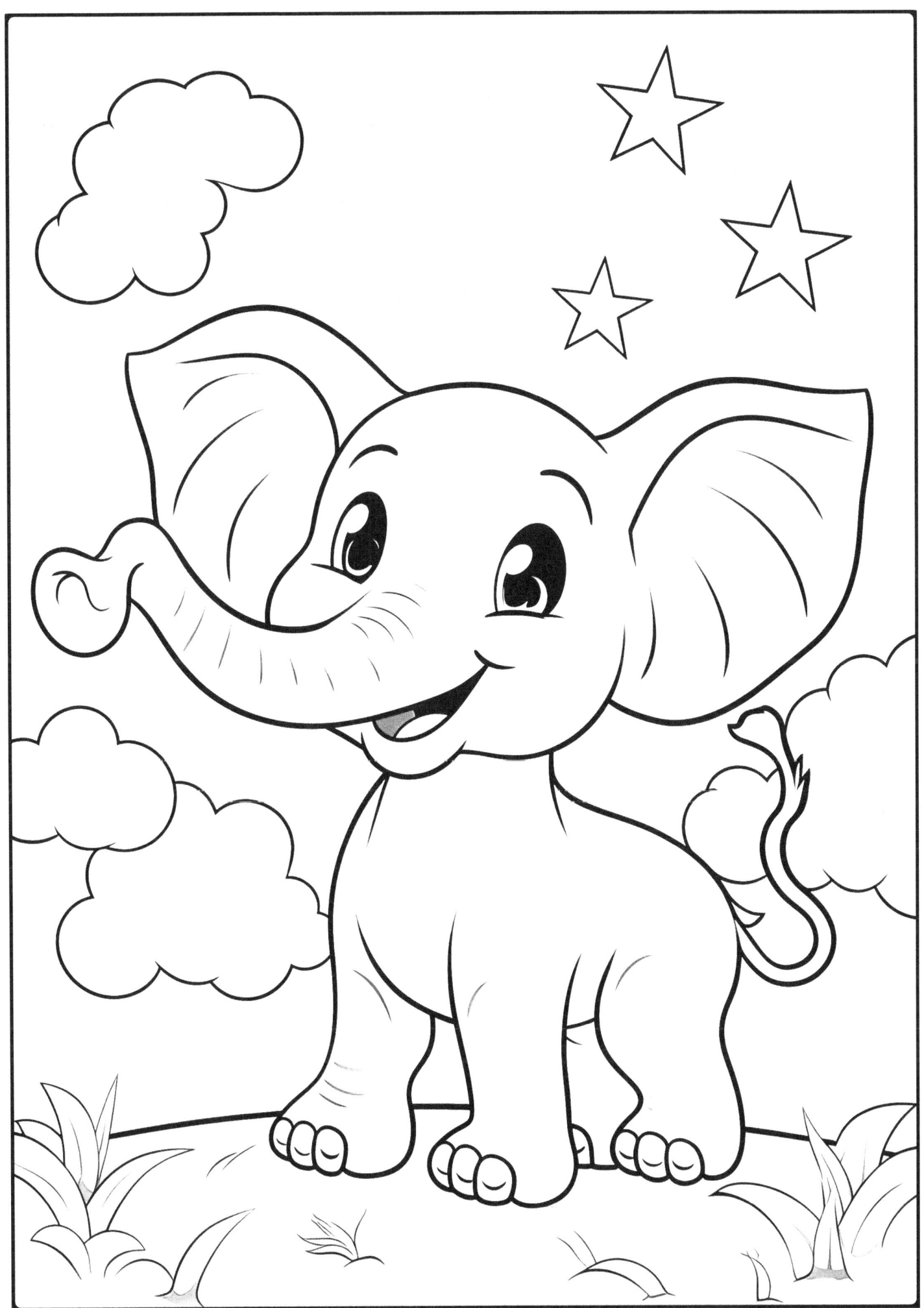

TEST COLOR PAGE

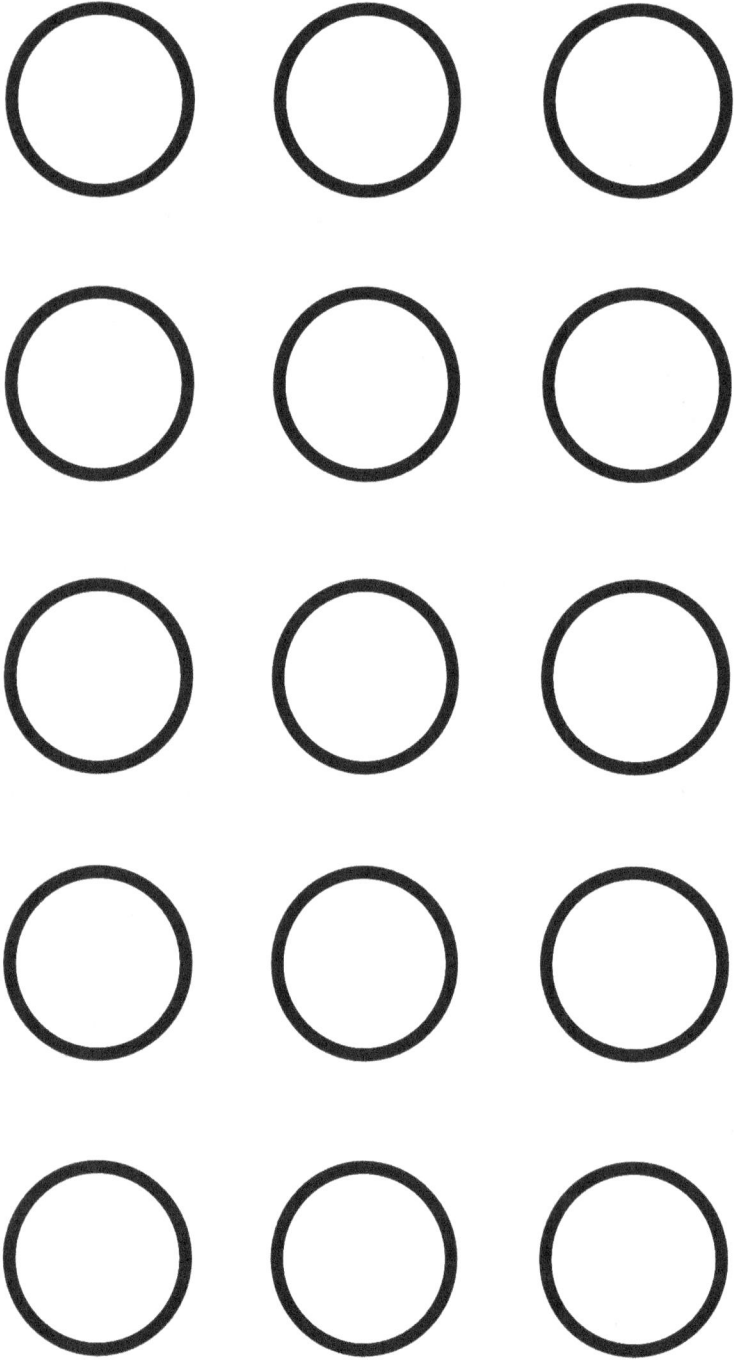

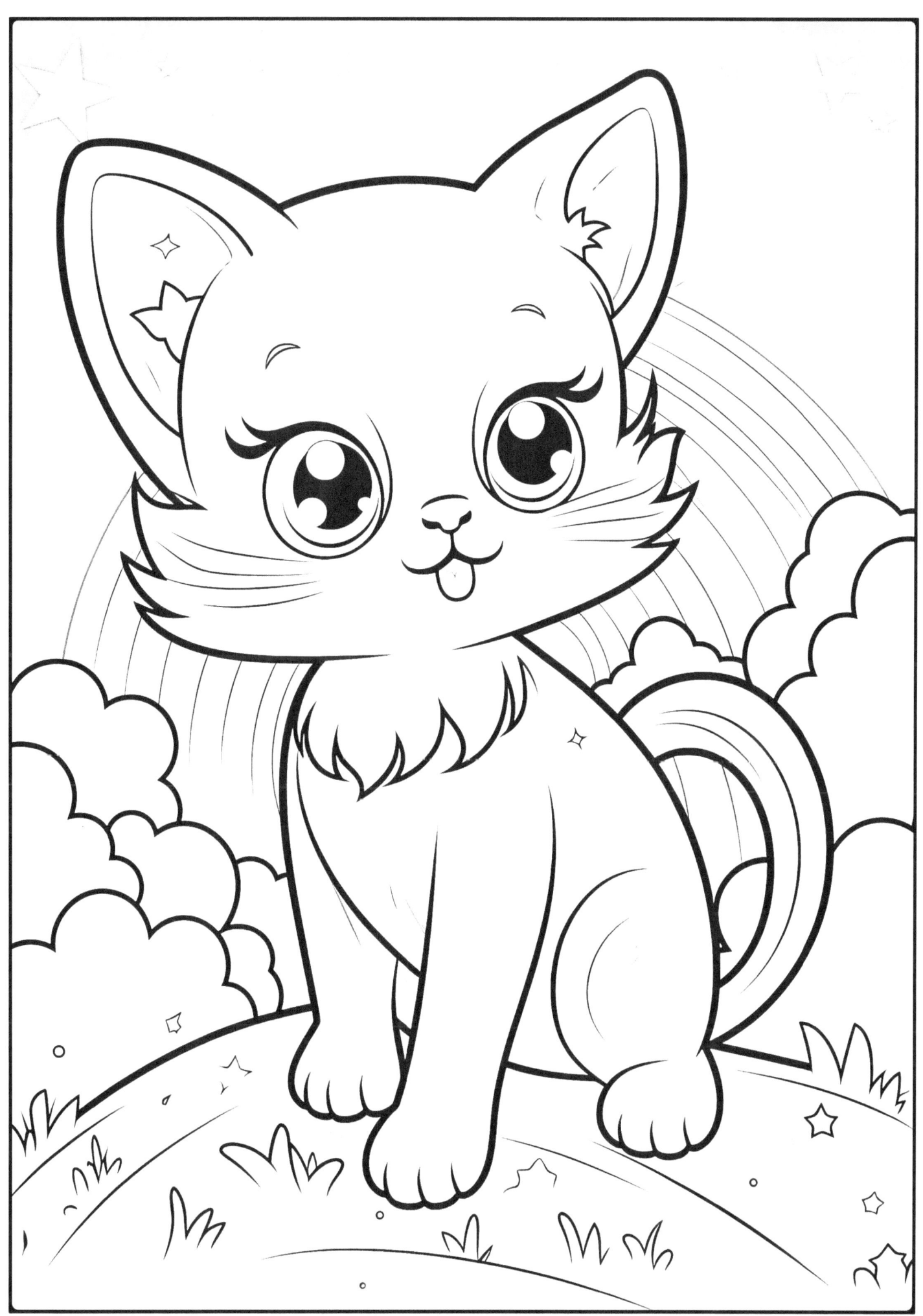

TEST COLOR PAGE

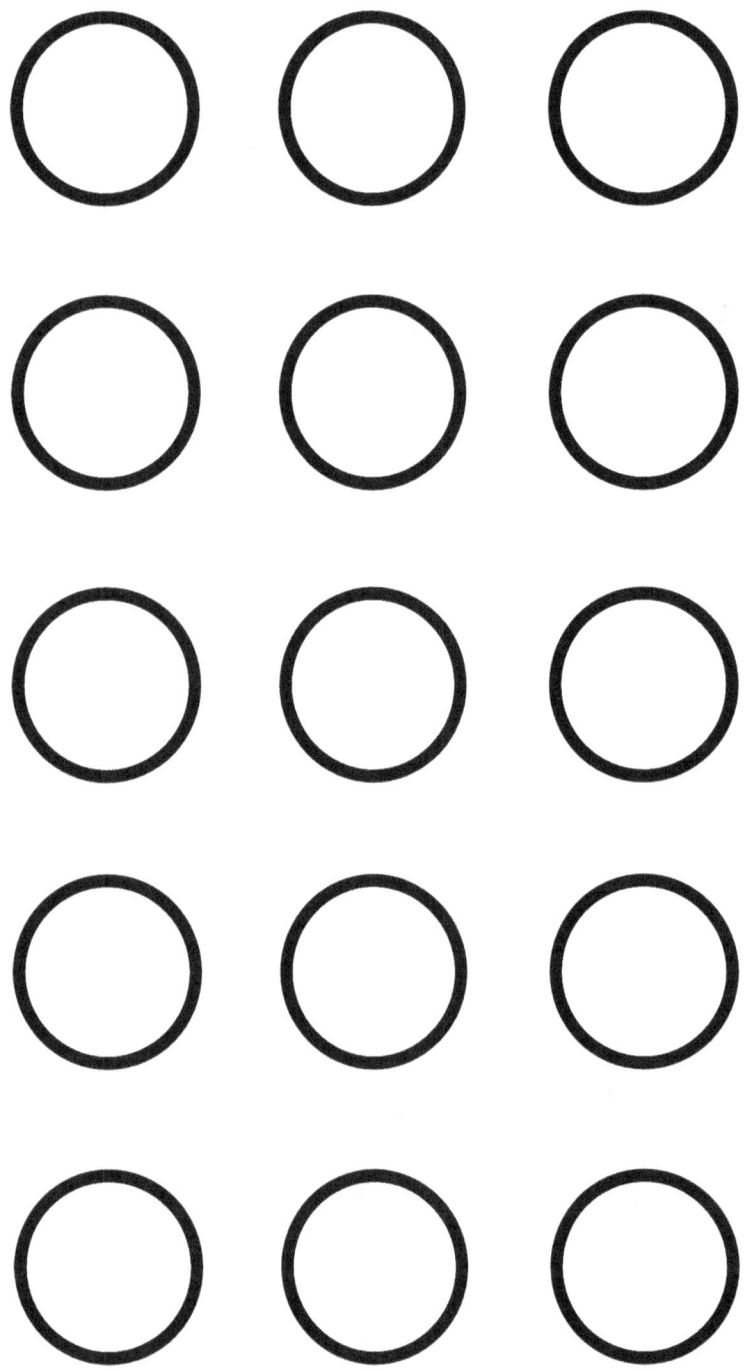

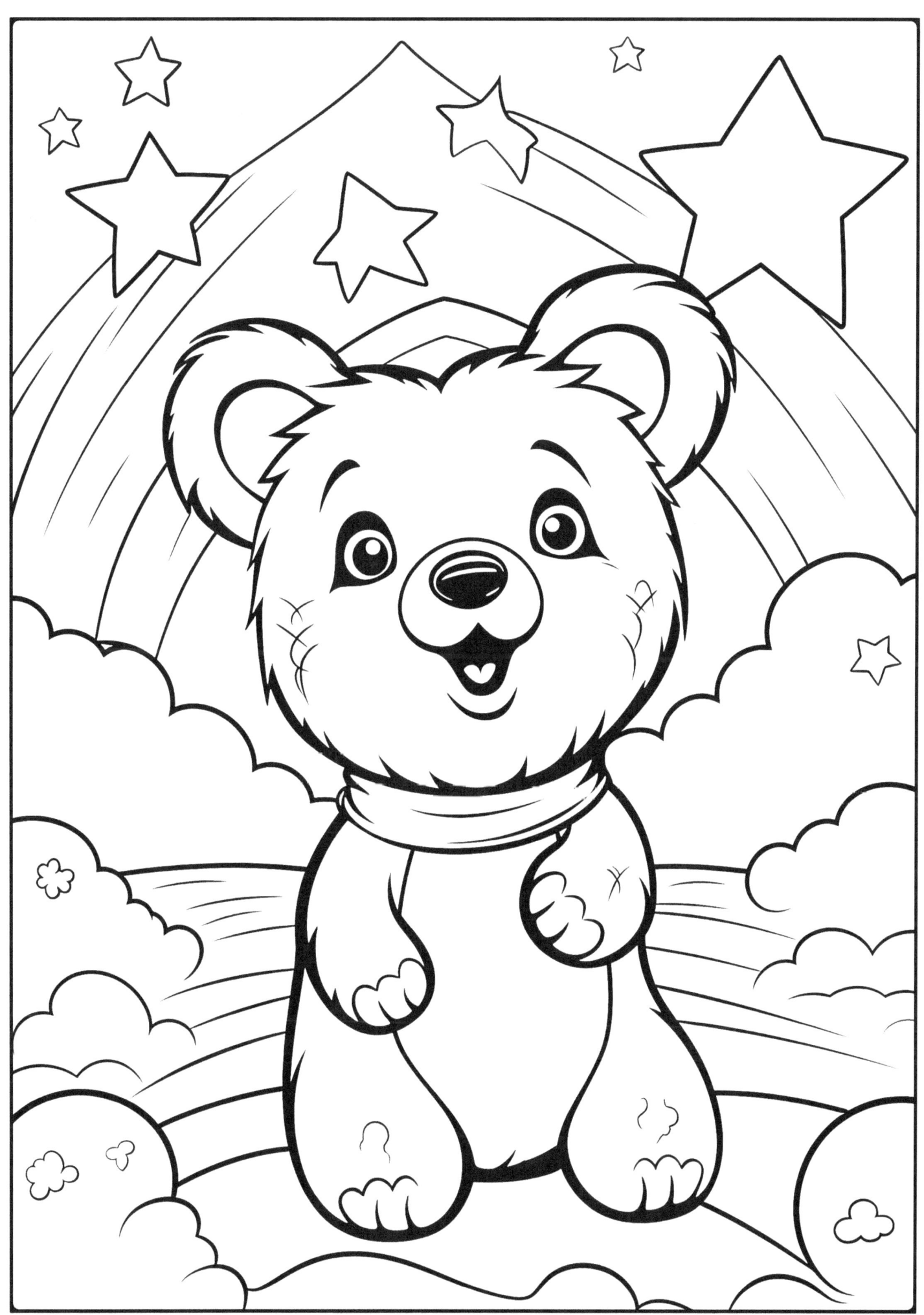

TEST COLOR PAGE

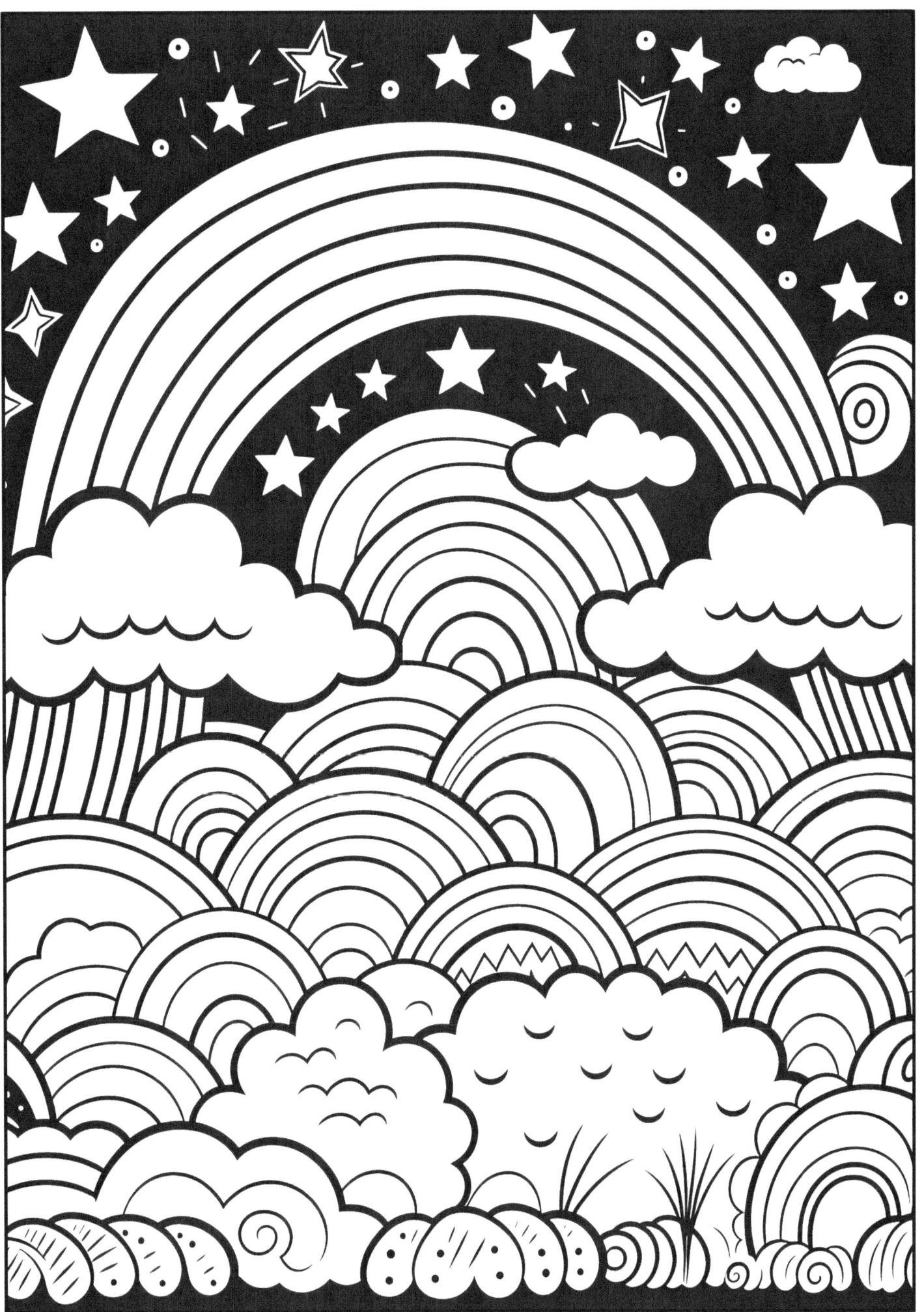

TEST COLOR PAGE

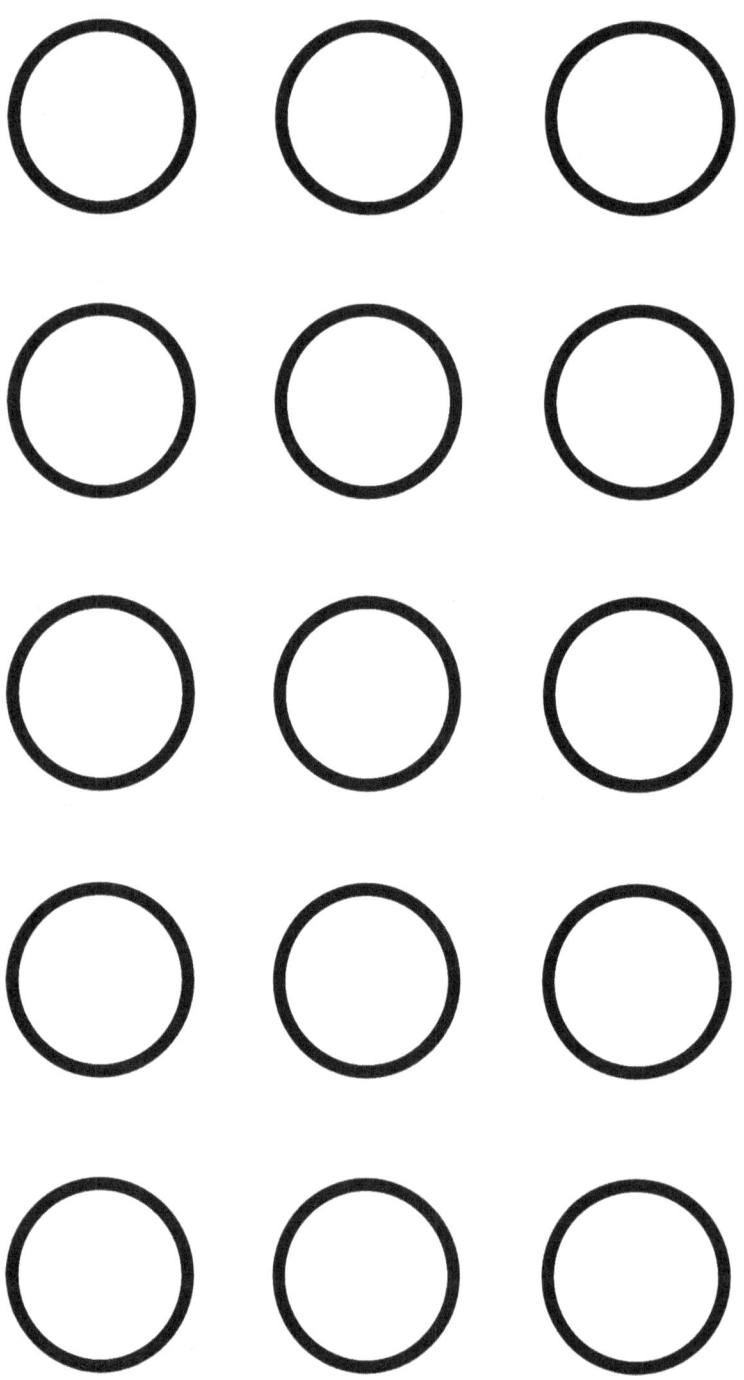

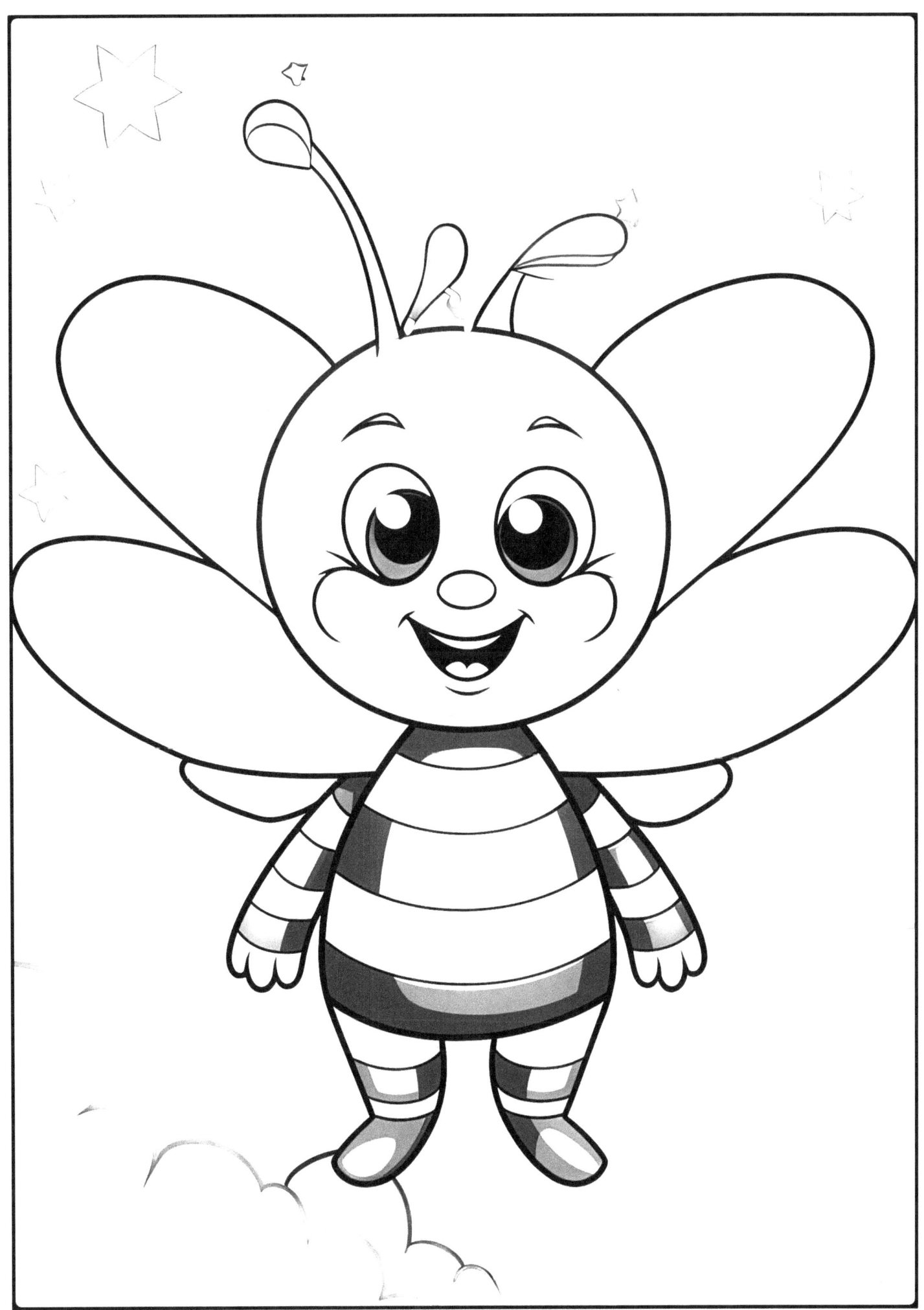

TEST COLOR PAGE

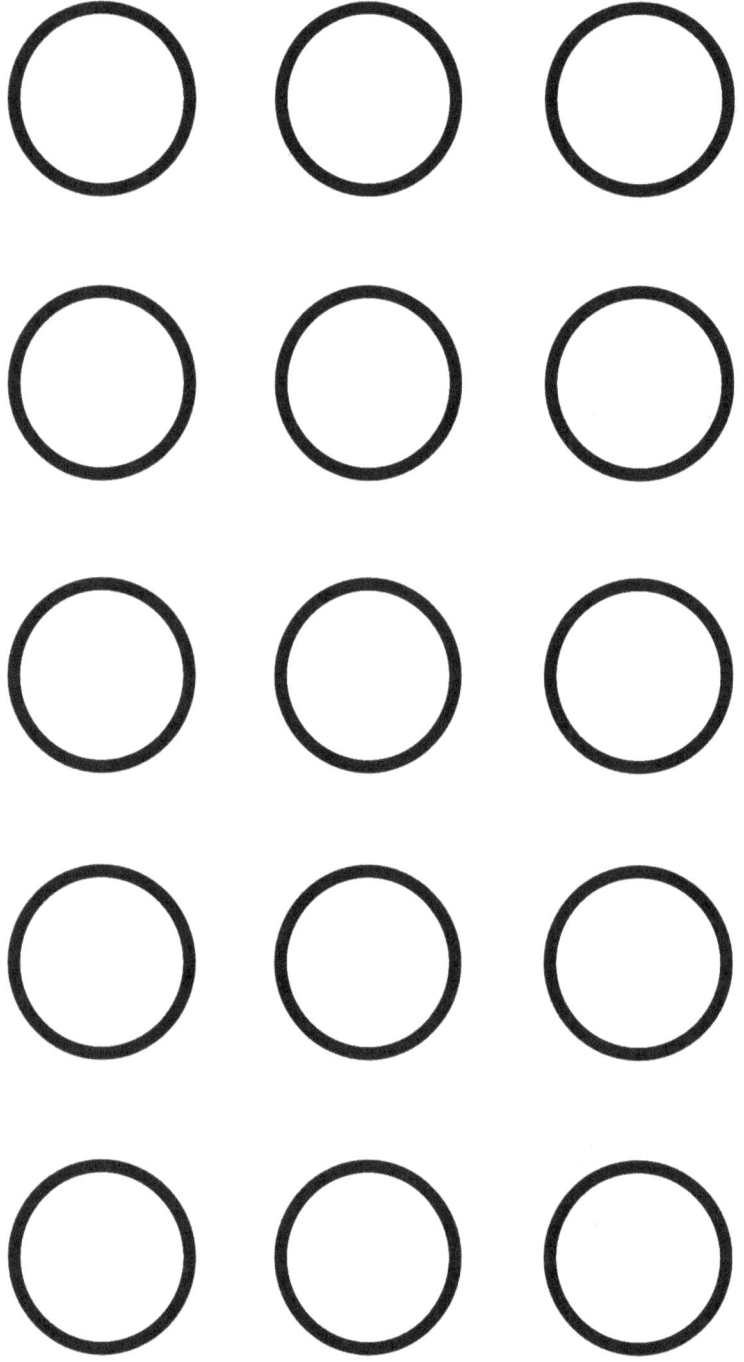

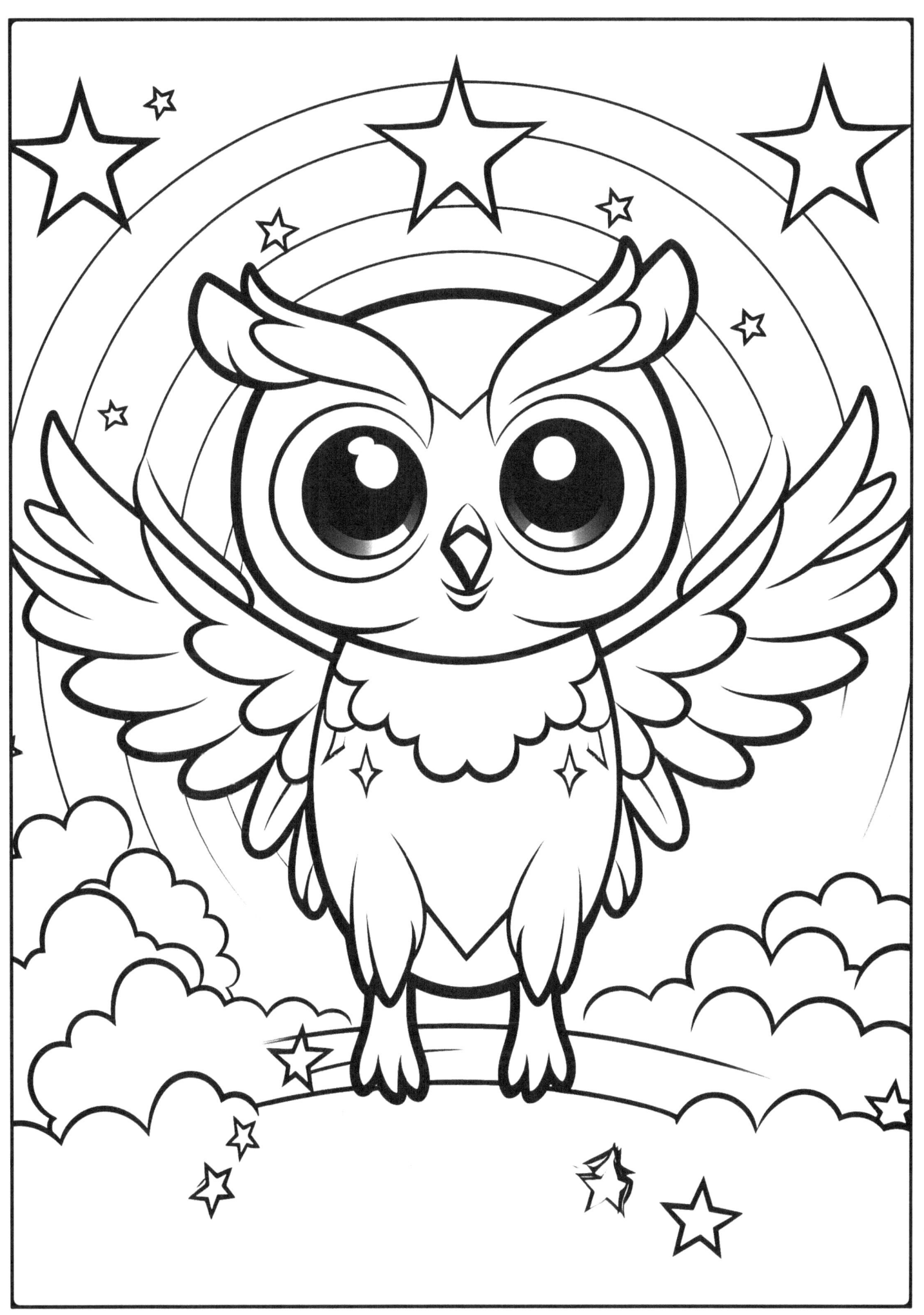

TEST COLOR PAGE

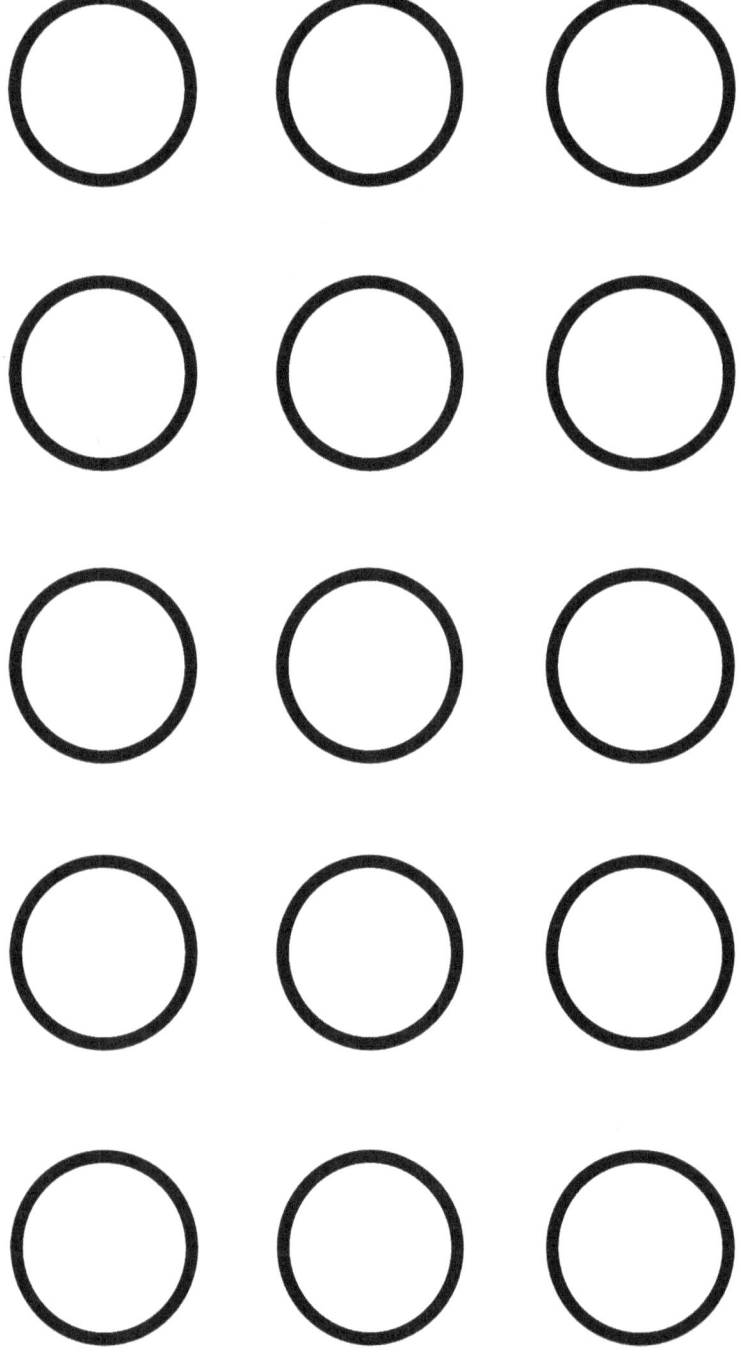

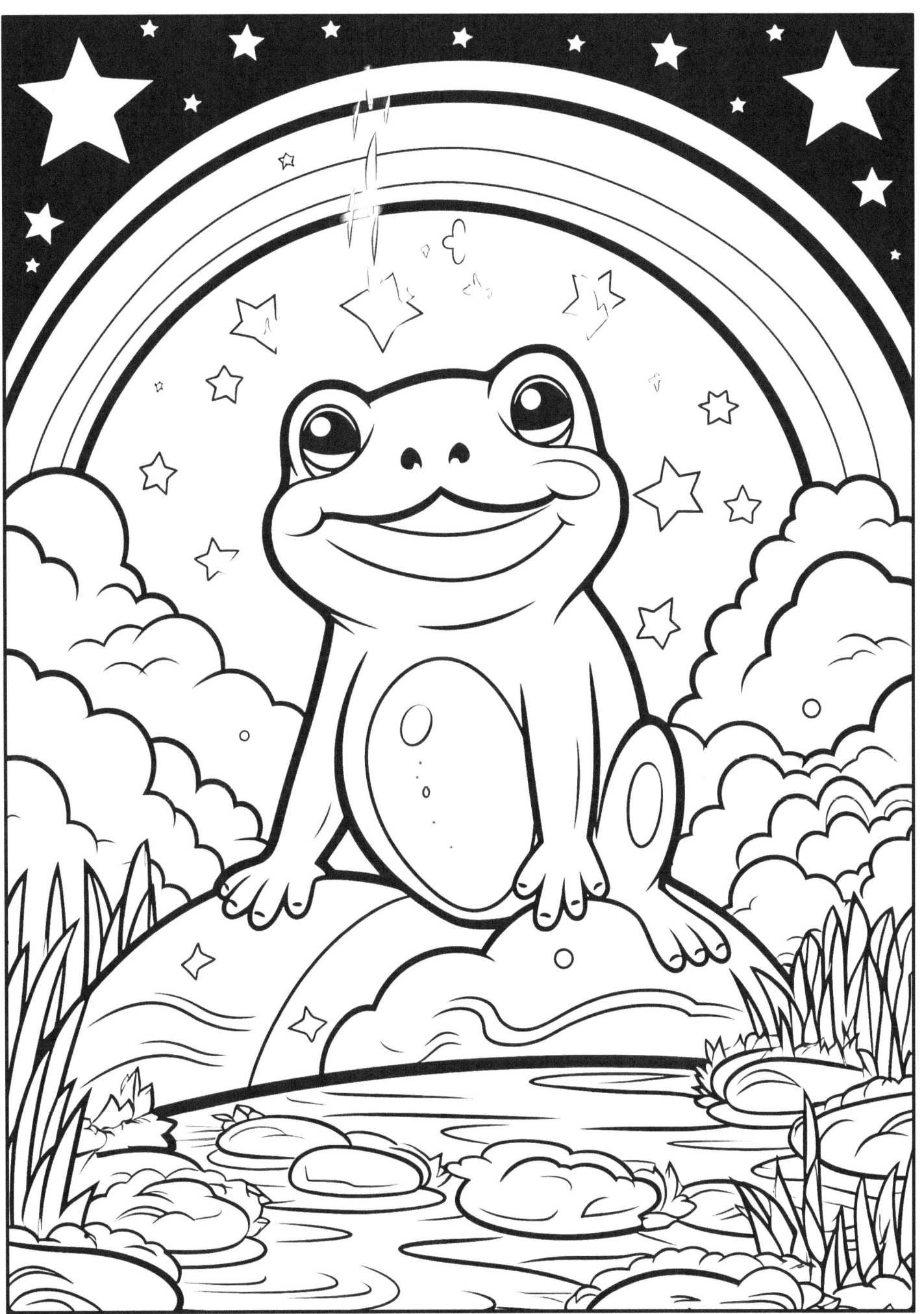

TEST COLOR PAGE

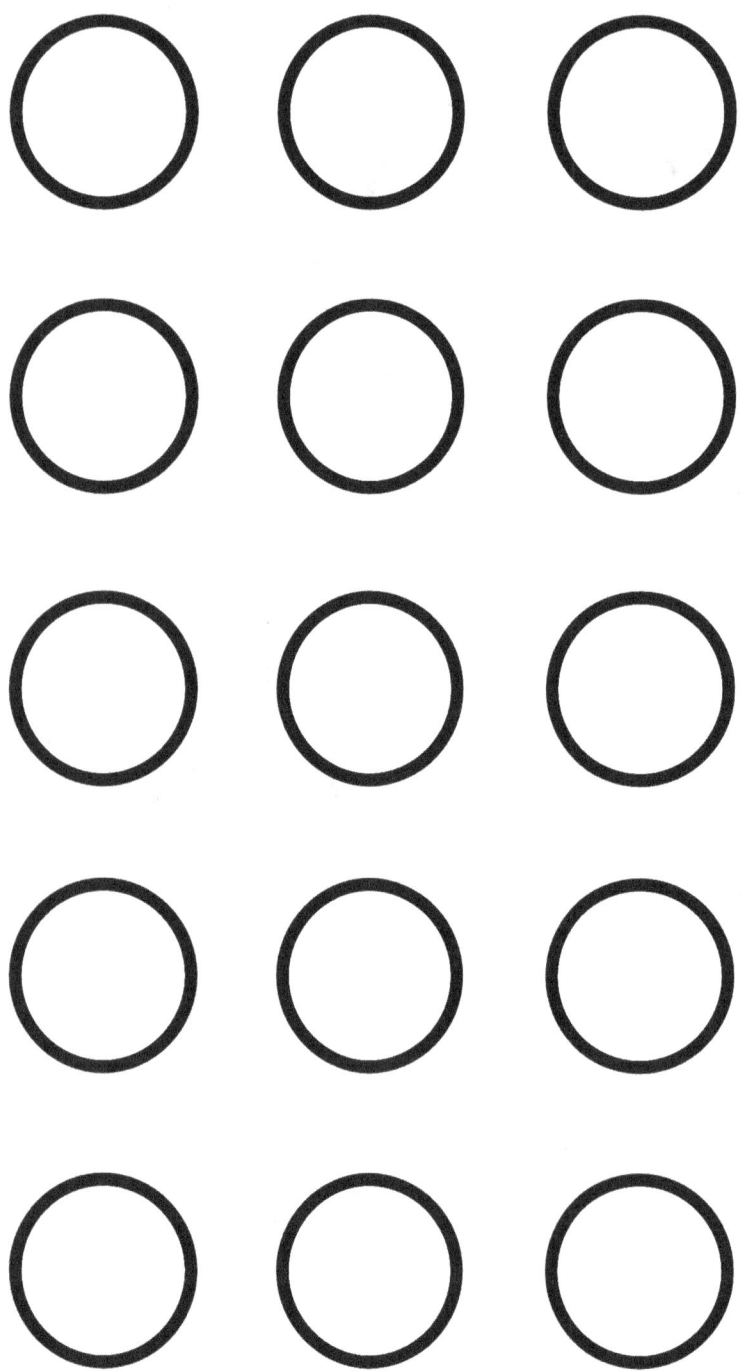

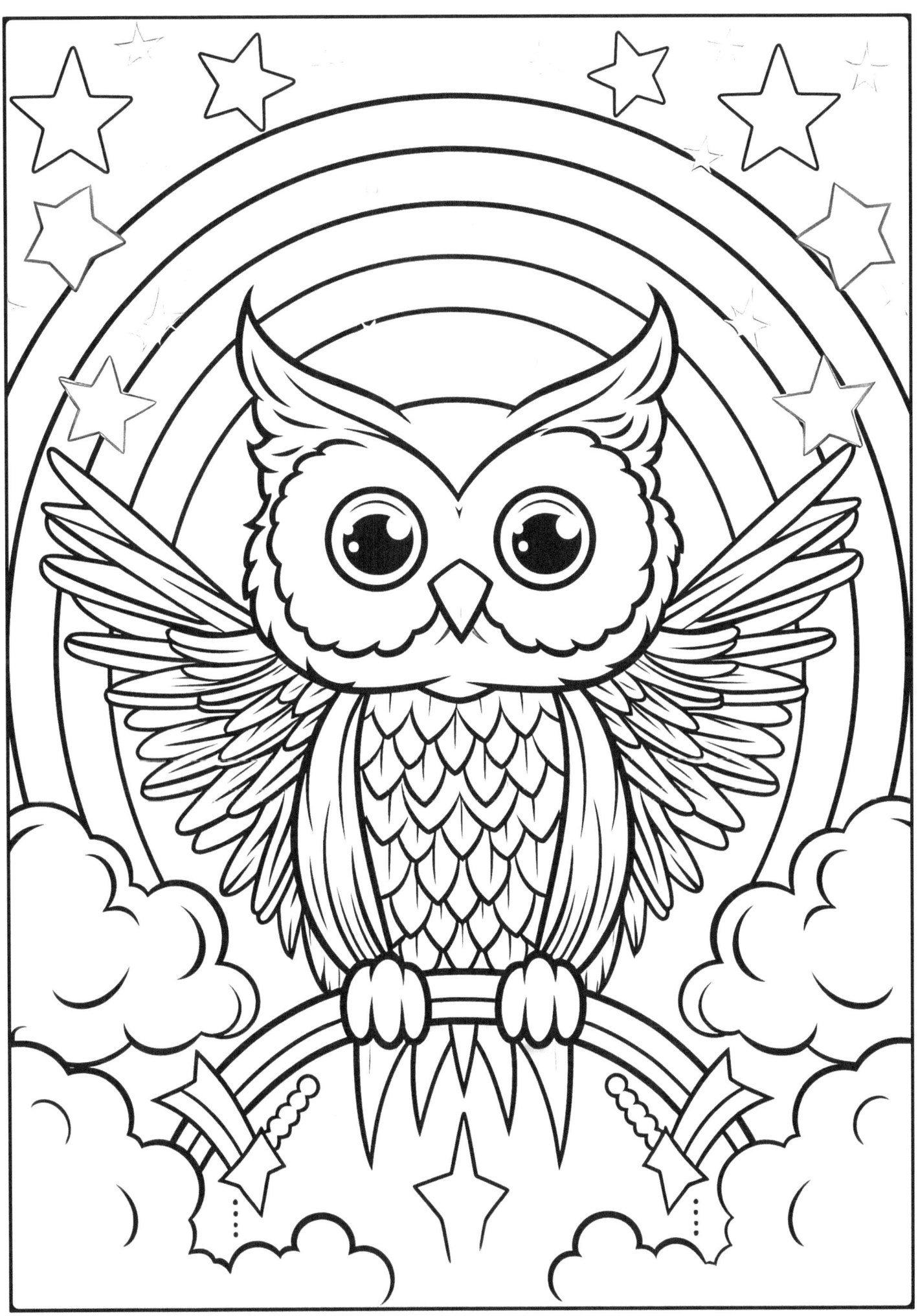

TEST COLOR PAGE

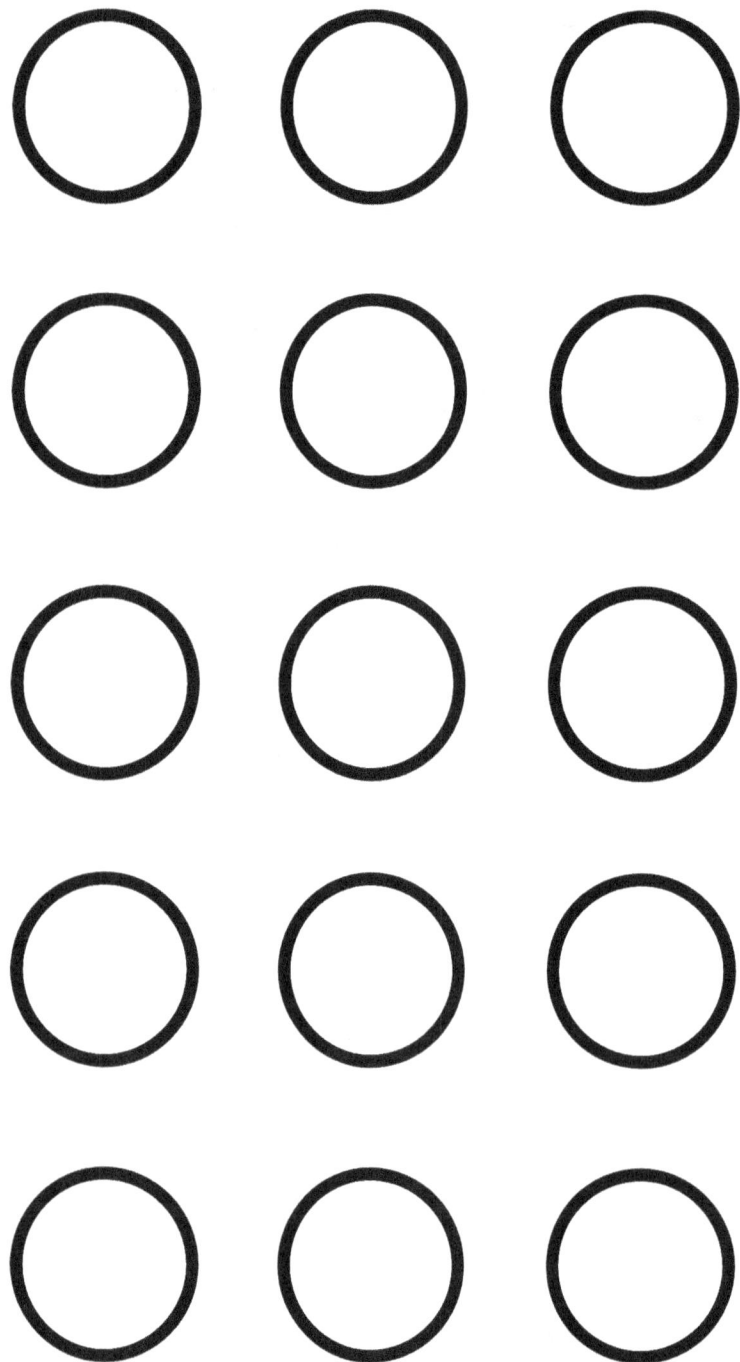

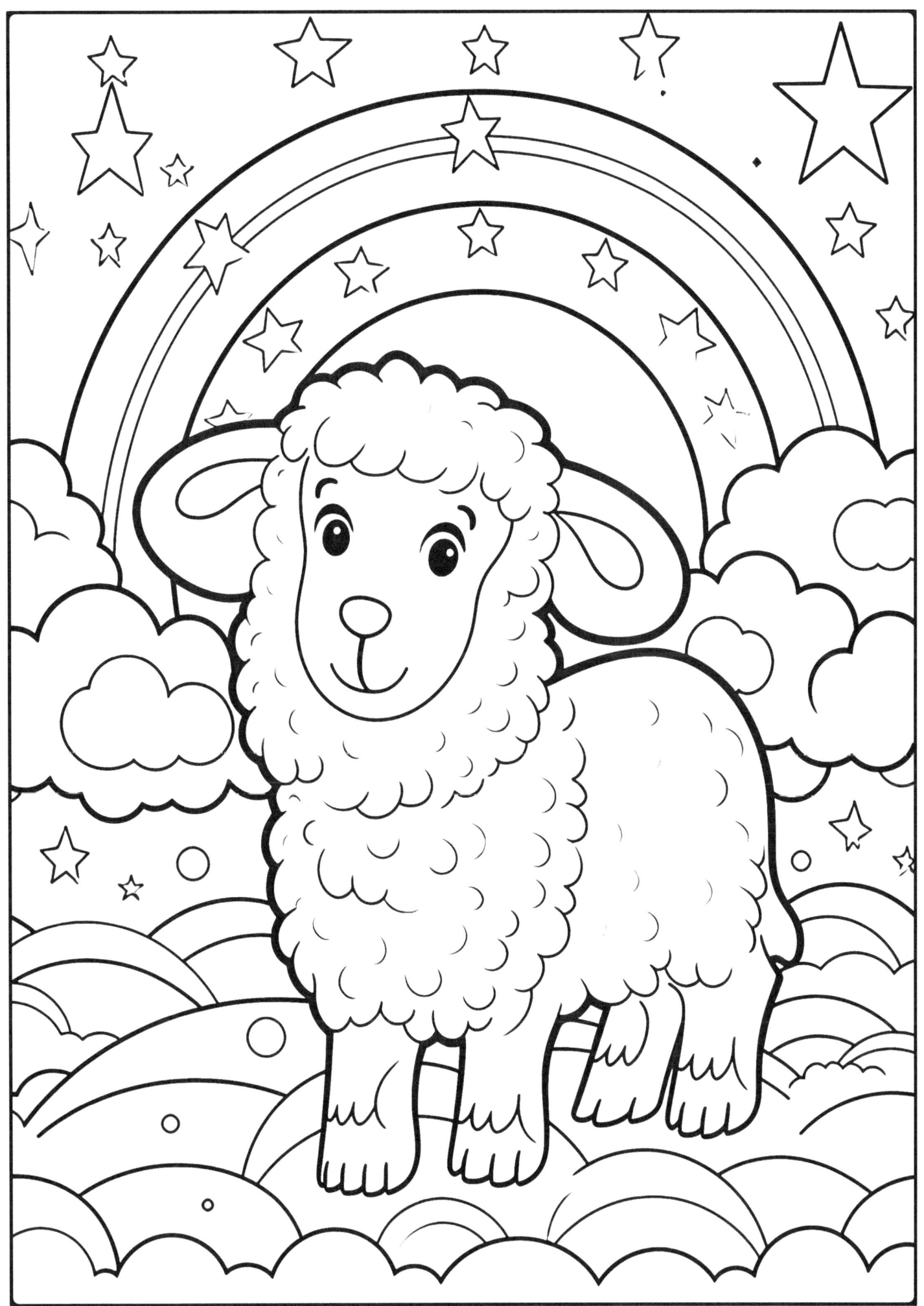

TEST COLOR PAGE

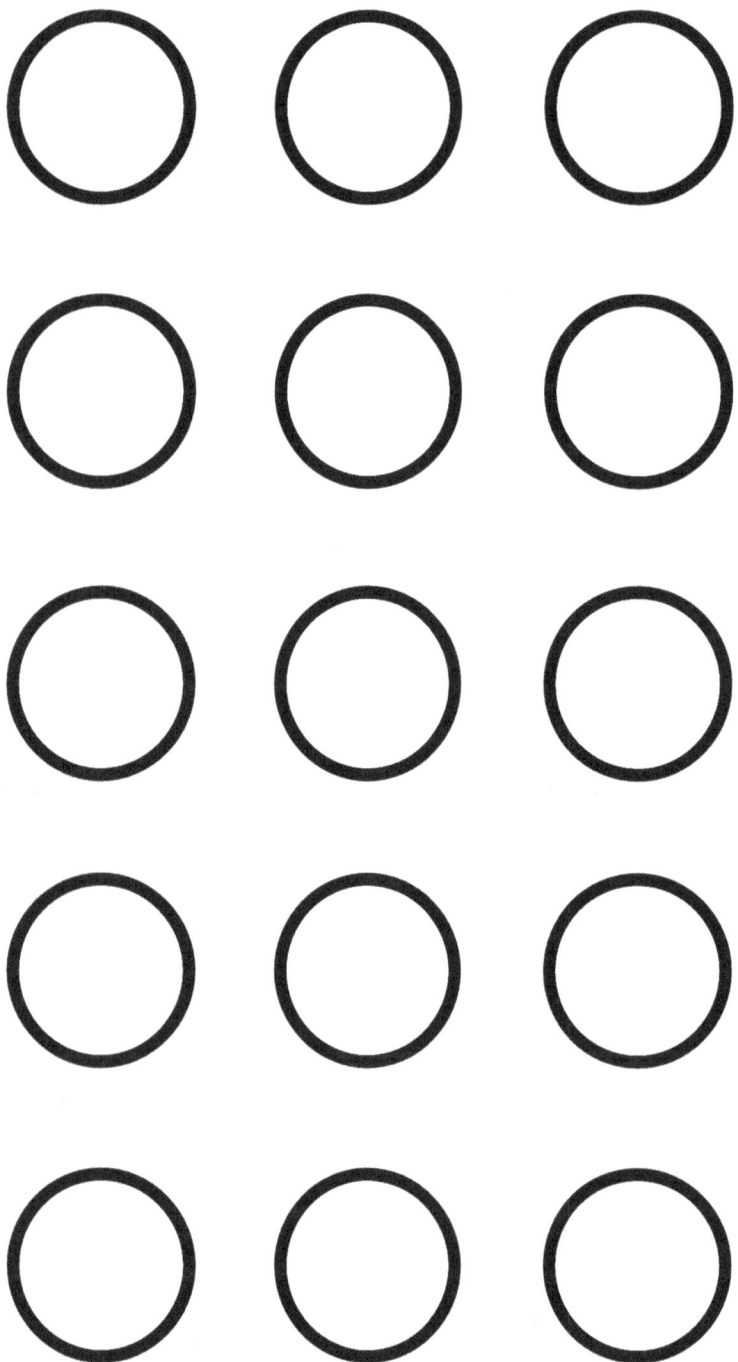

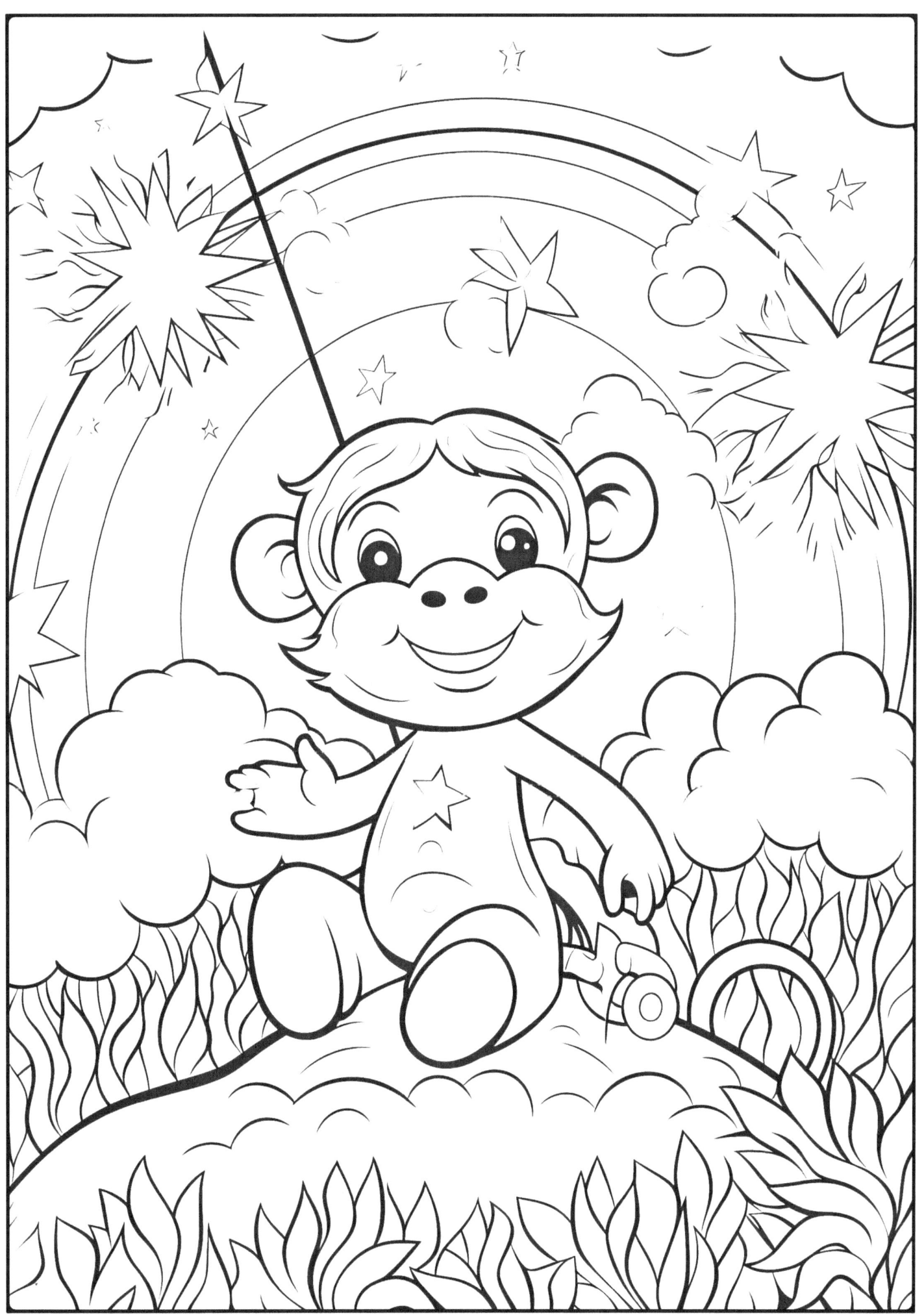

TEST COLOR PAGE

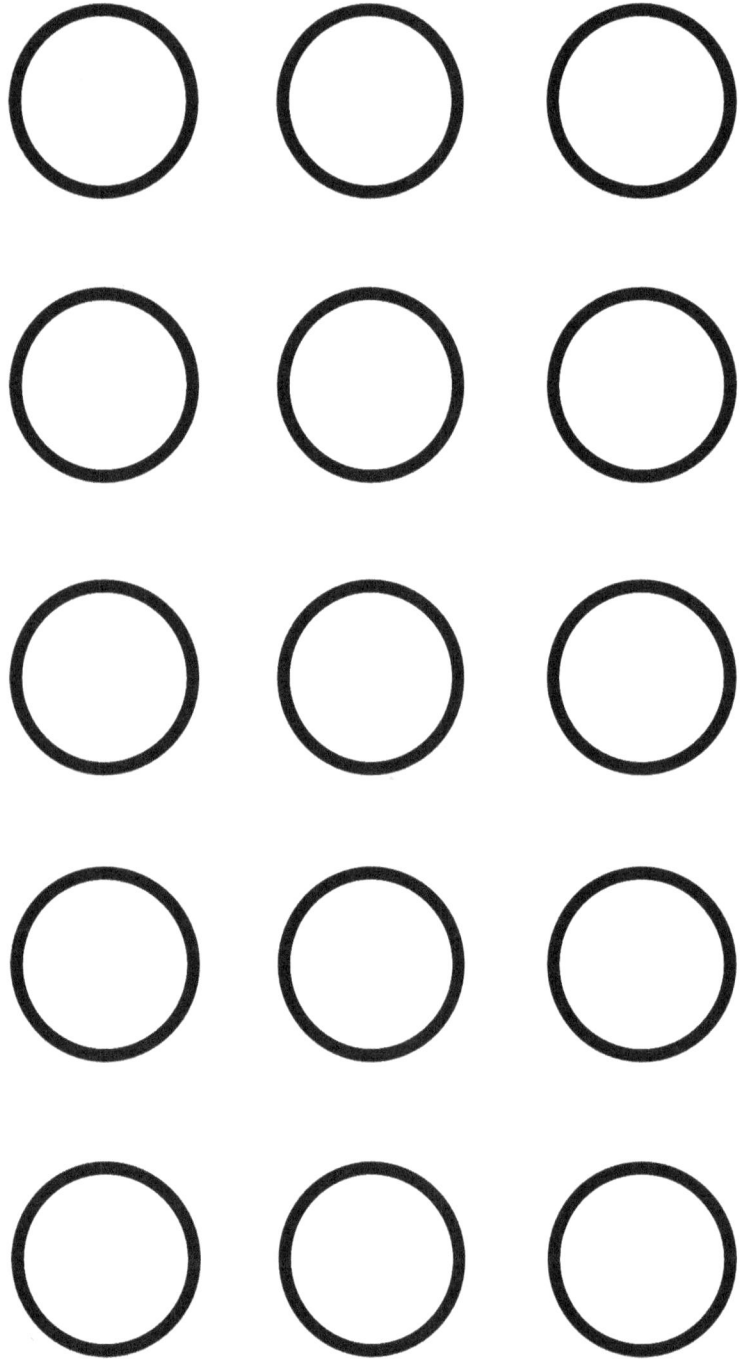

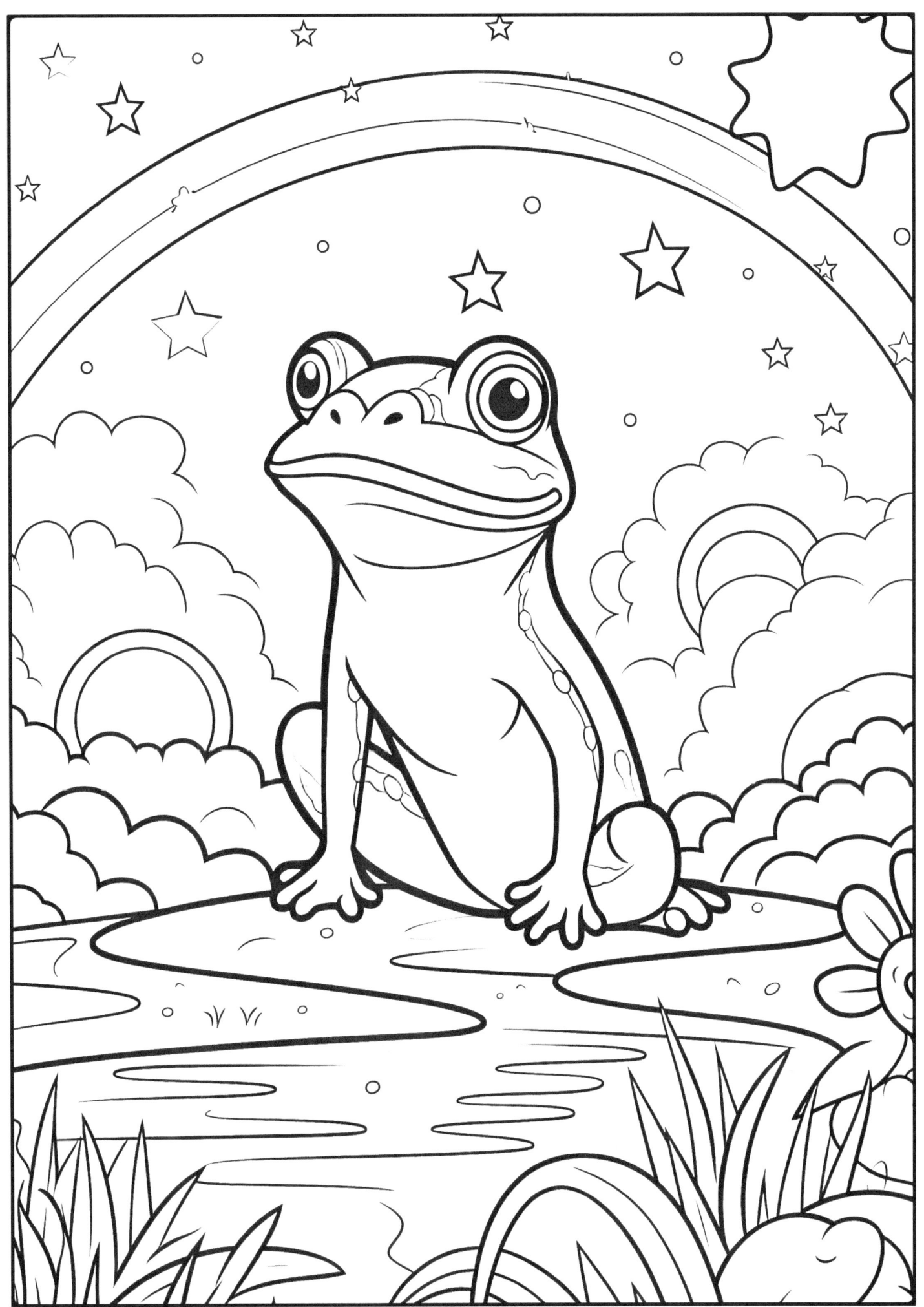

TEST COLOR PAGE

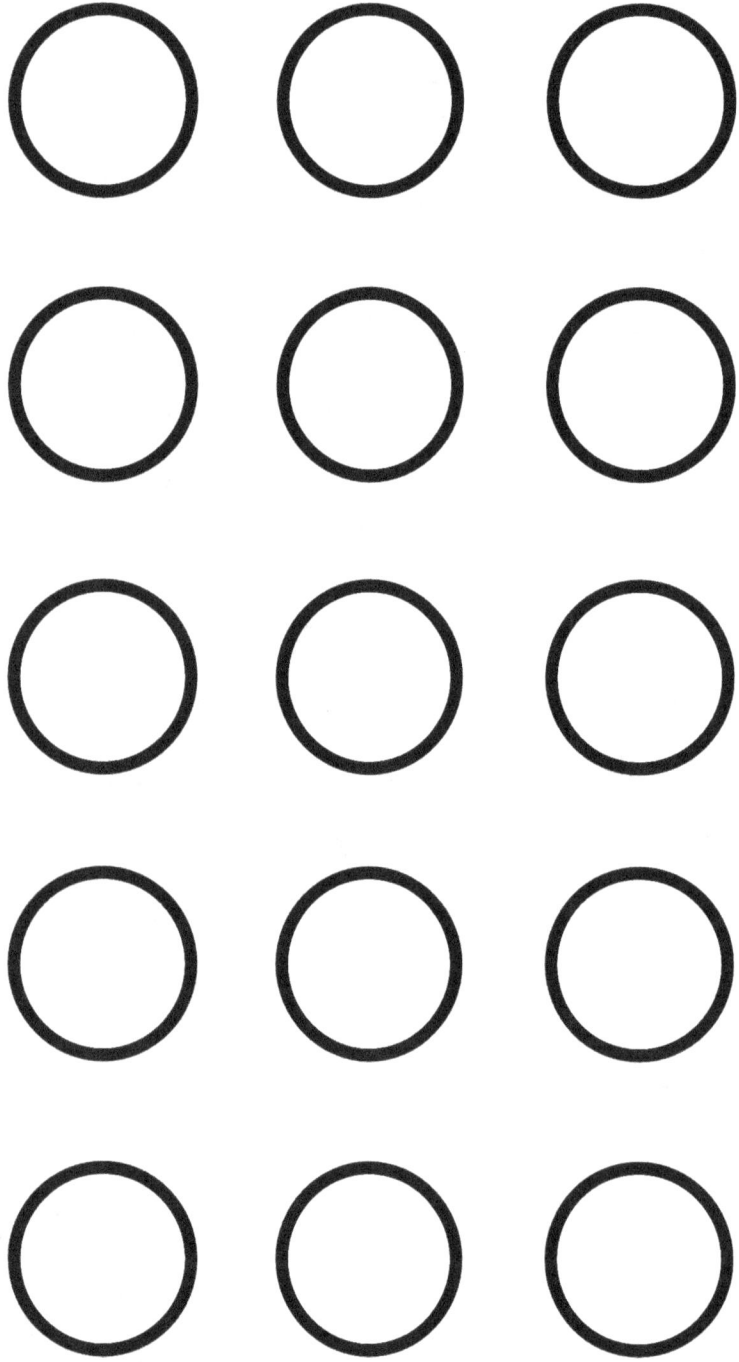

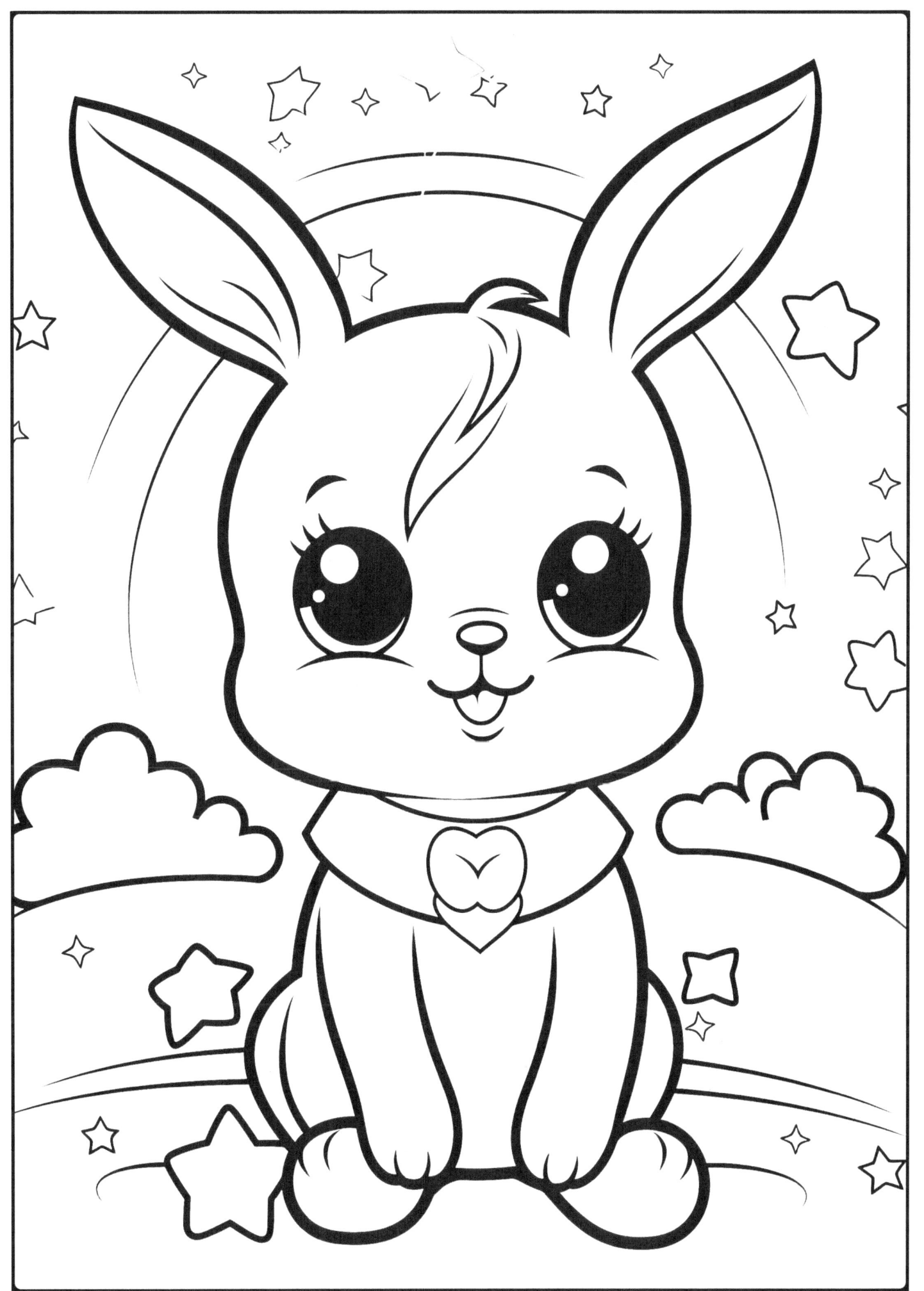

TEST COLOR PAGE

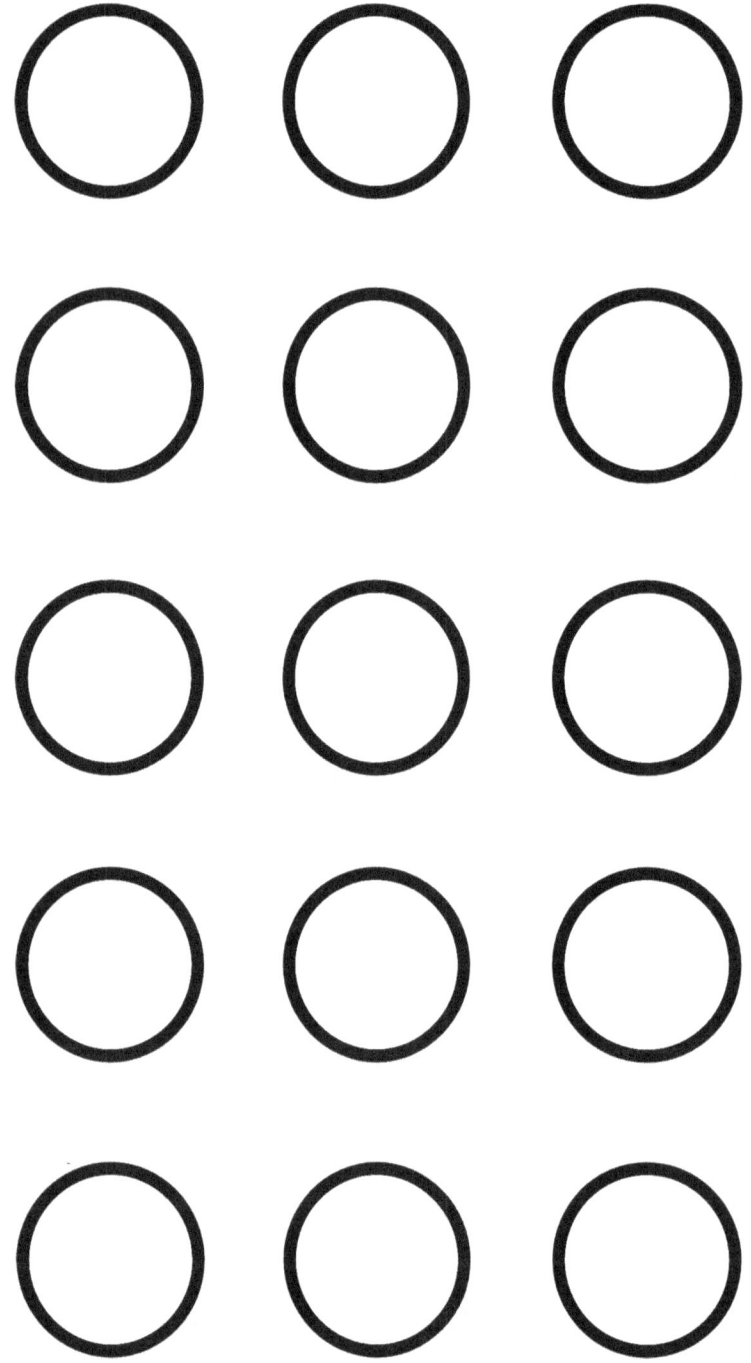

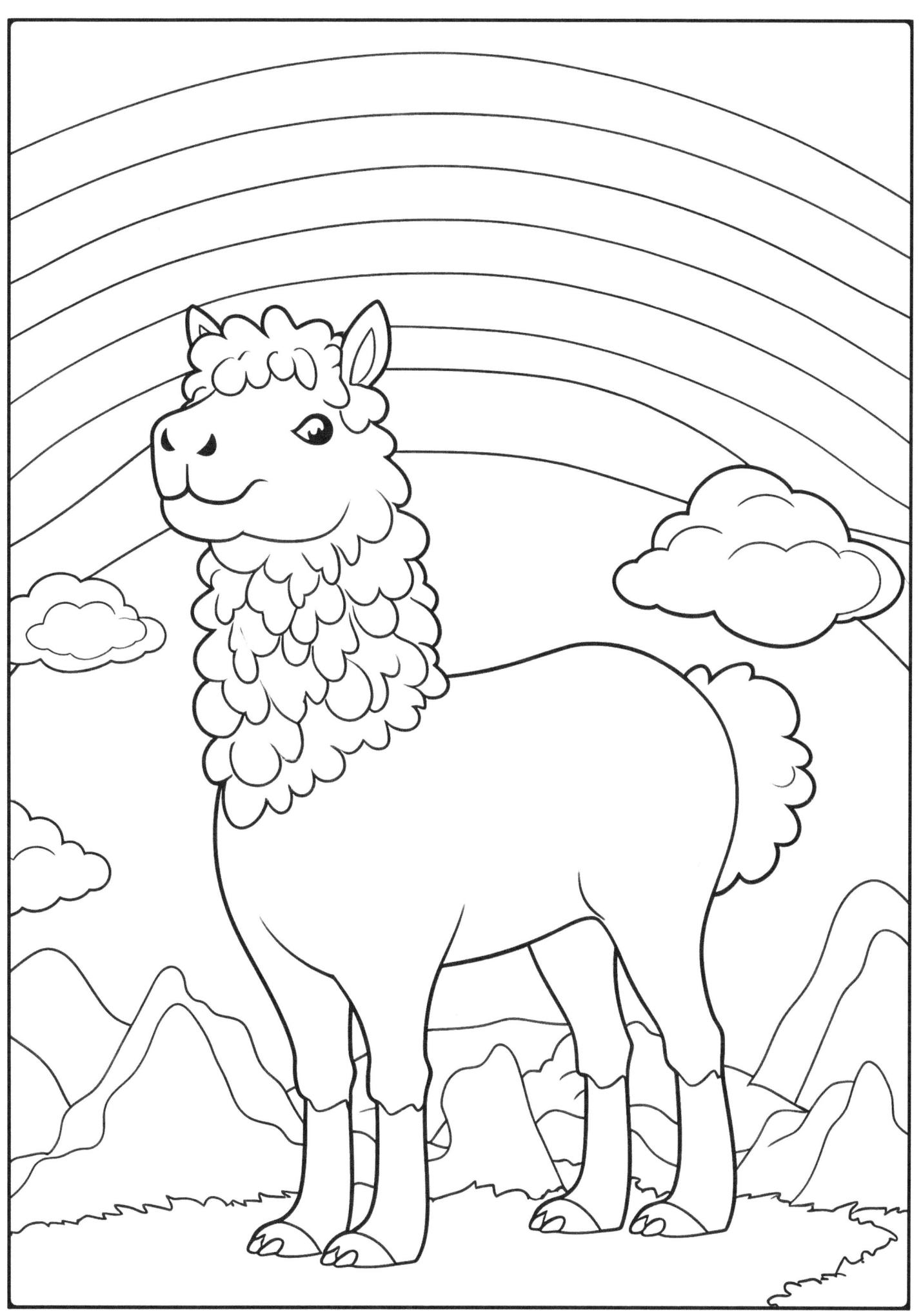

TEST COLOR PAGE

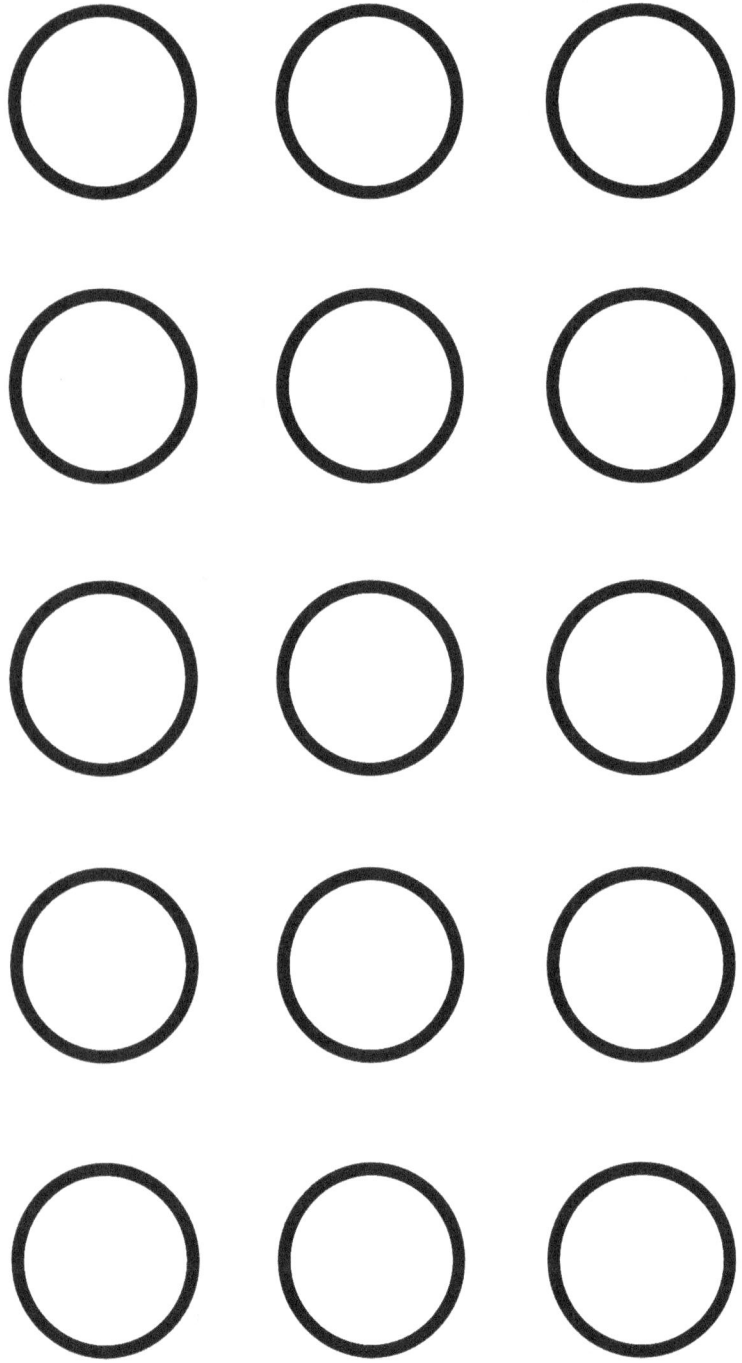

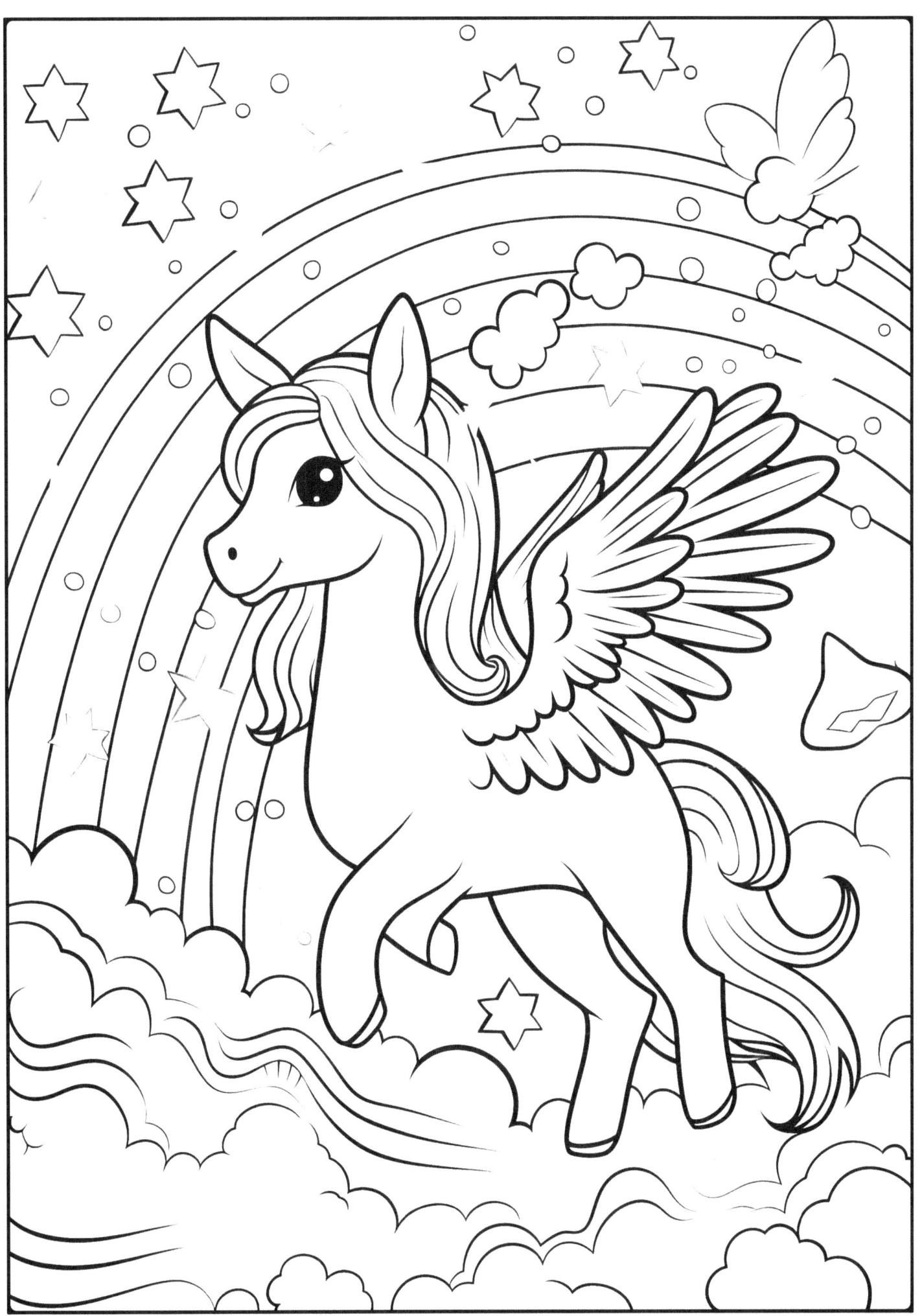

TEST COLOR PAGE

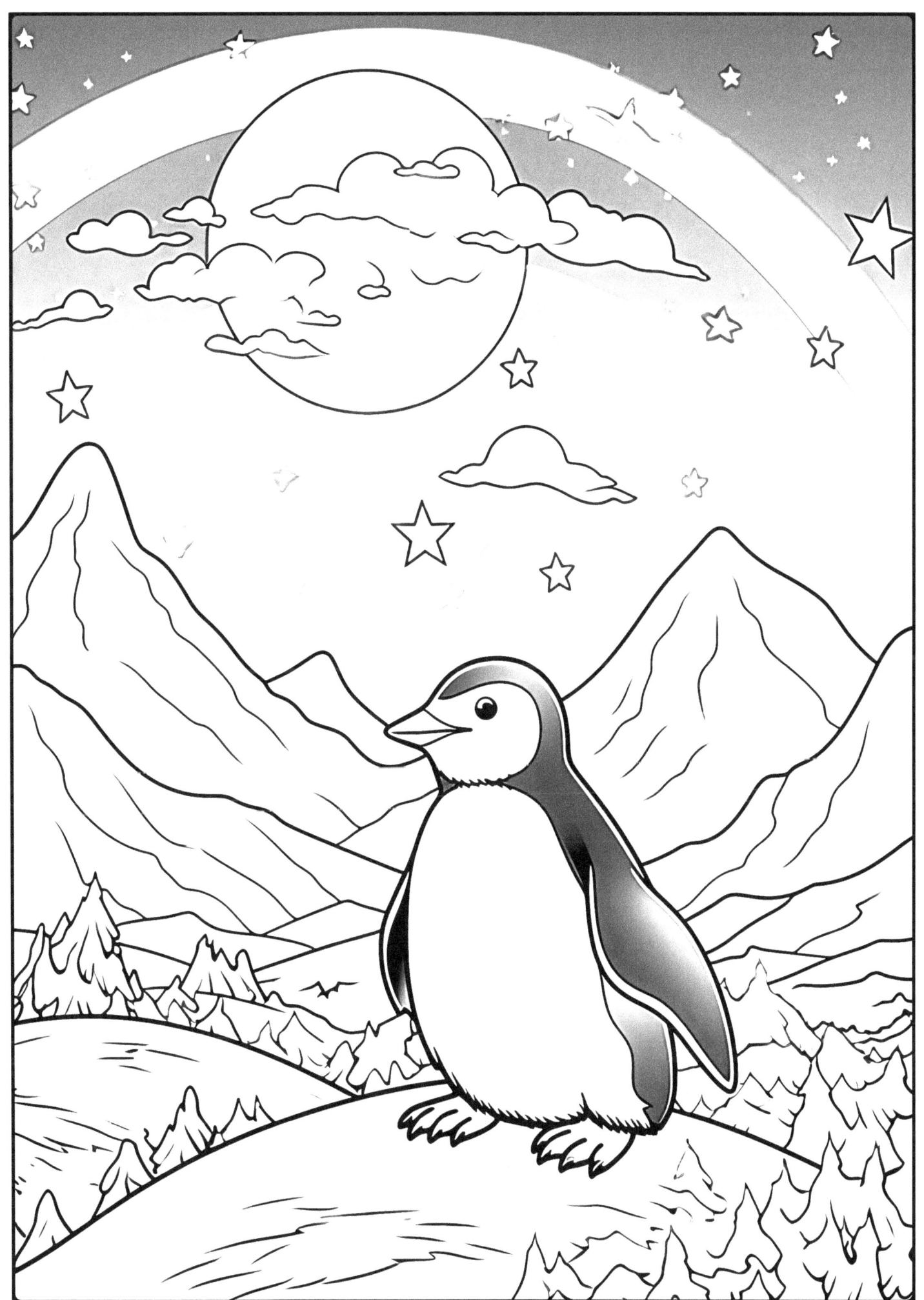

TEST COLOR PAGE

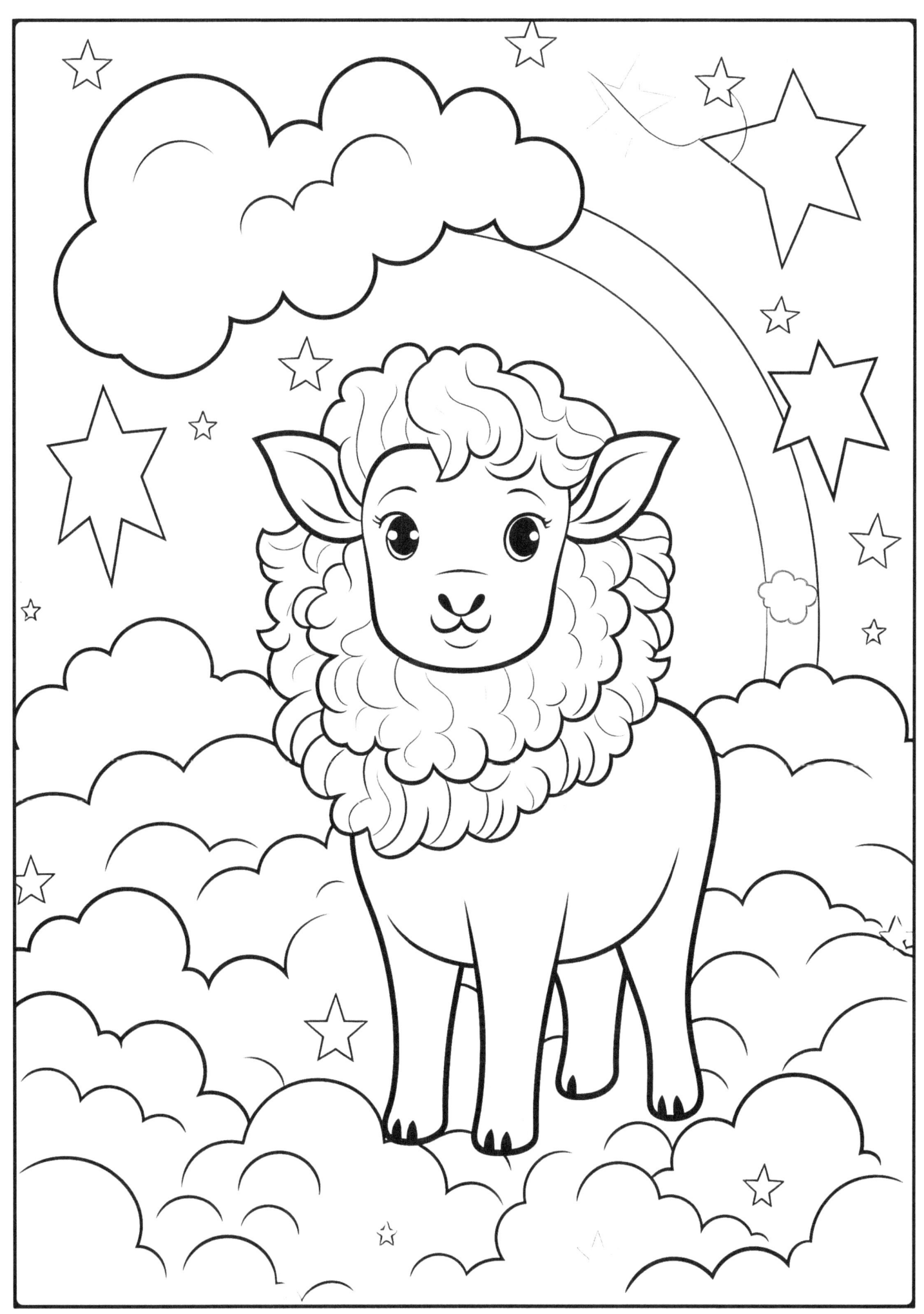

TEST COLOR PAGE

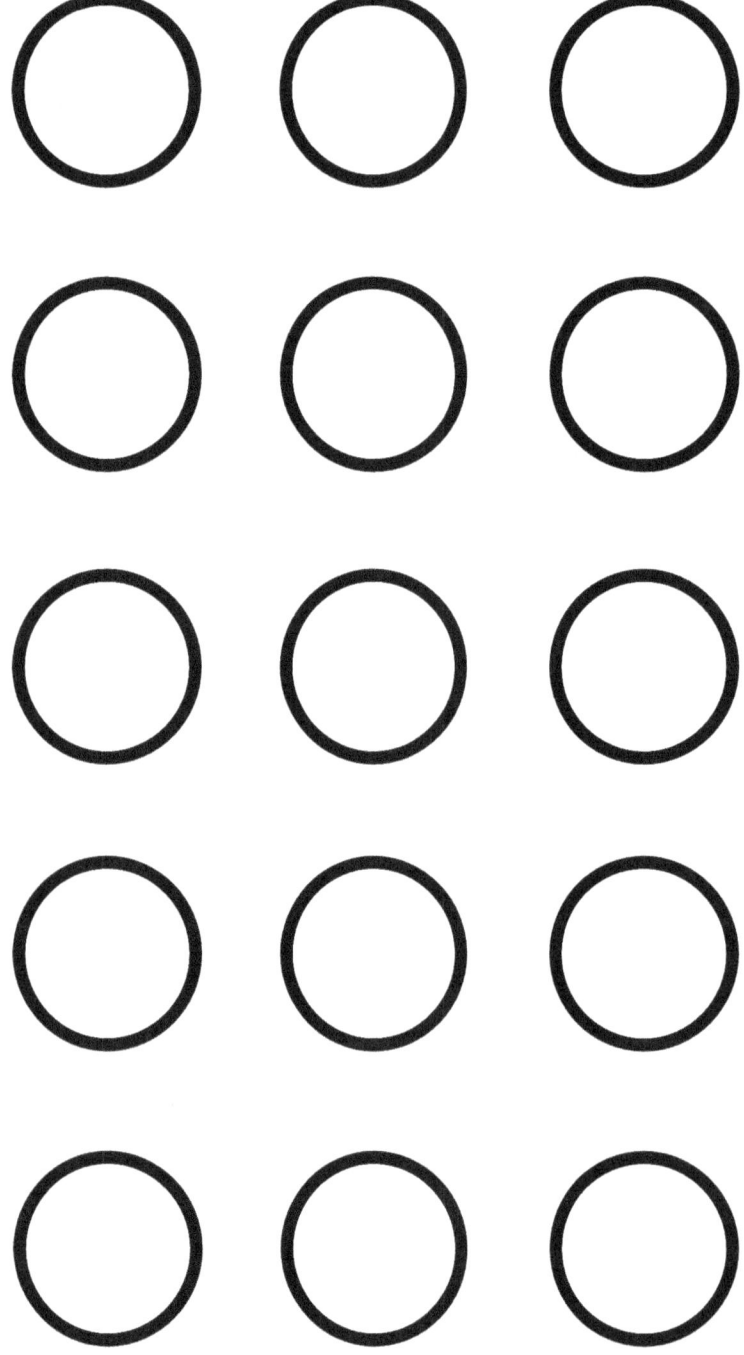

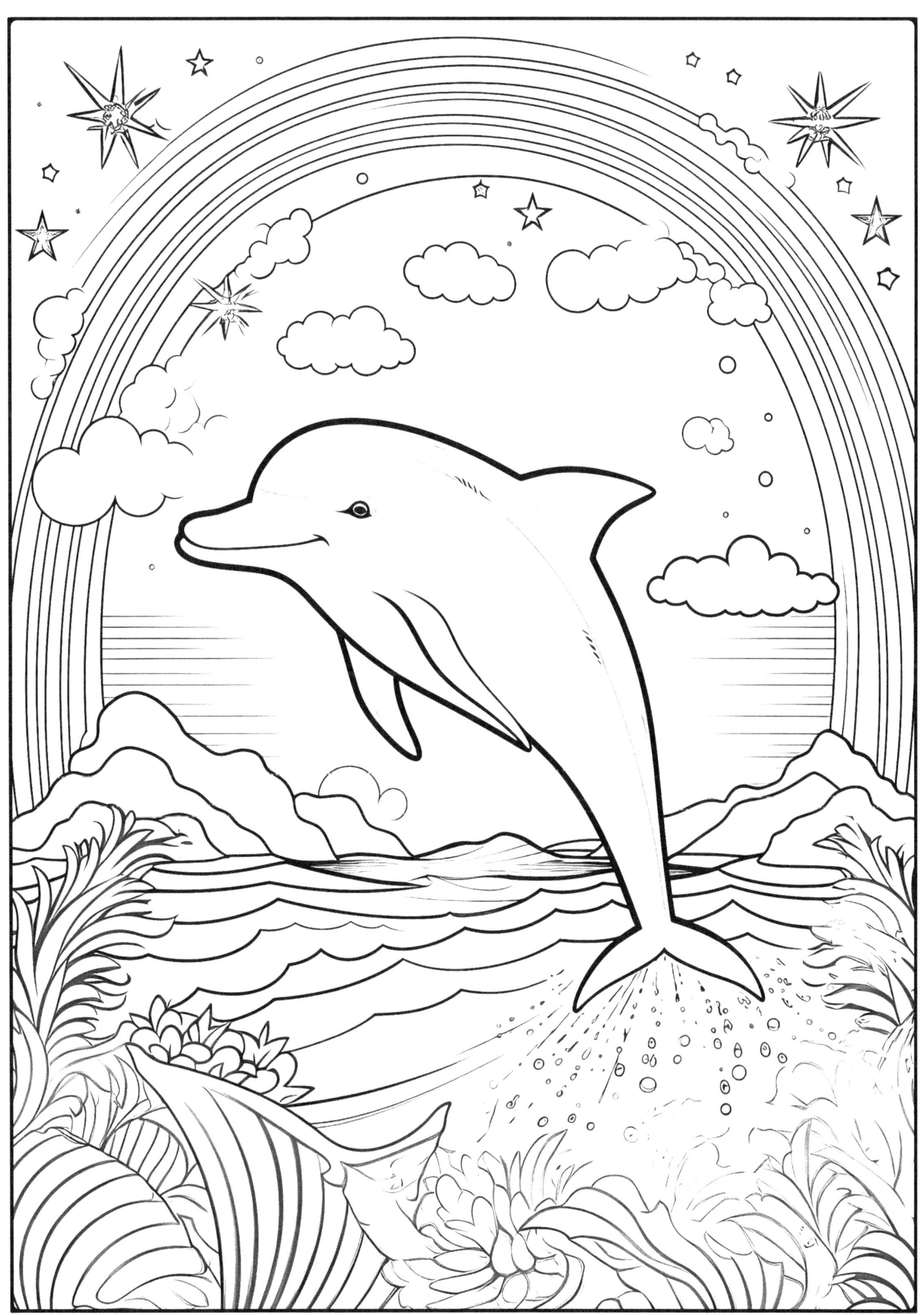

TEST COLOR PAGE

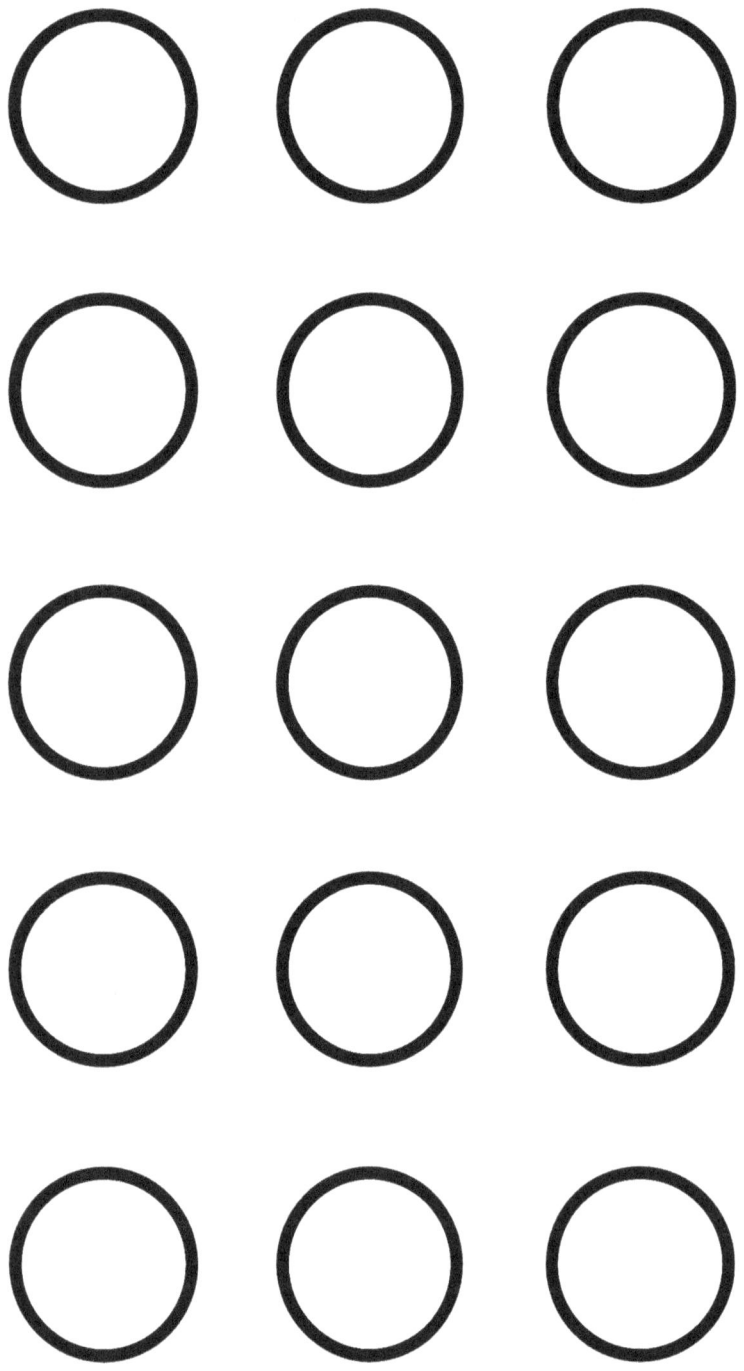

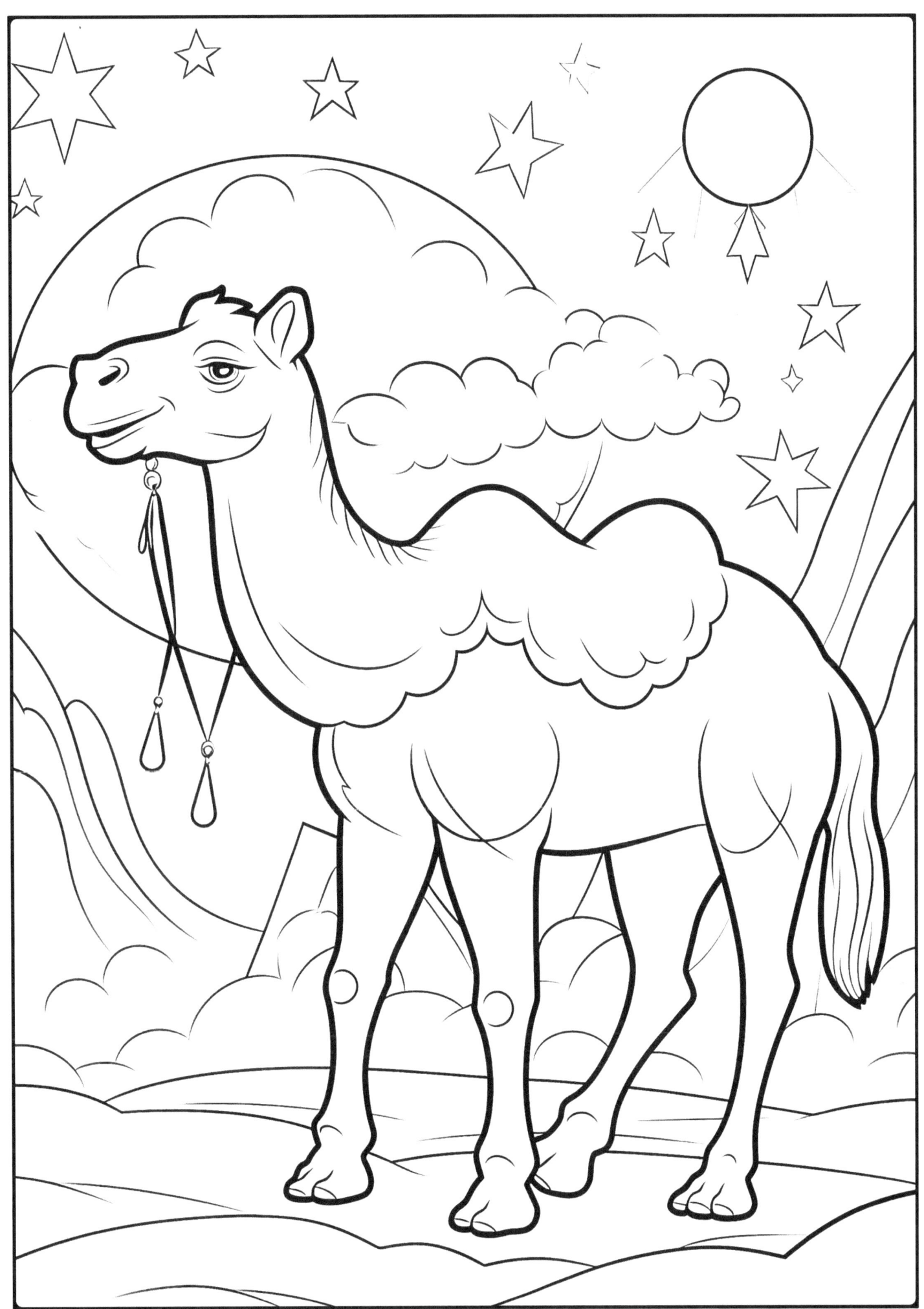

TEST COLOR PAGE

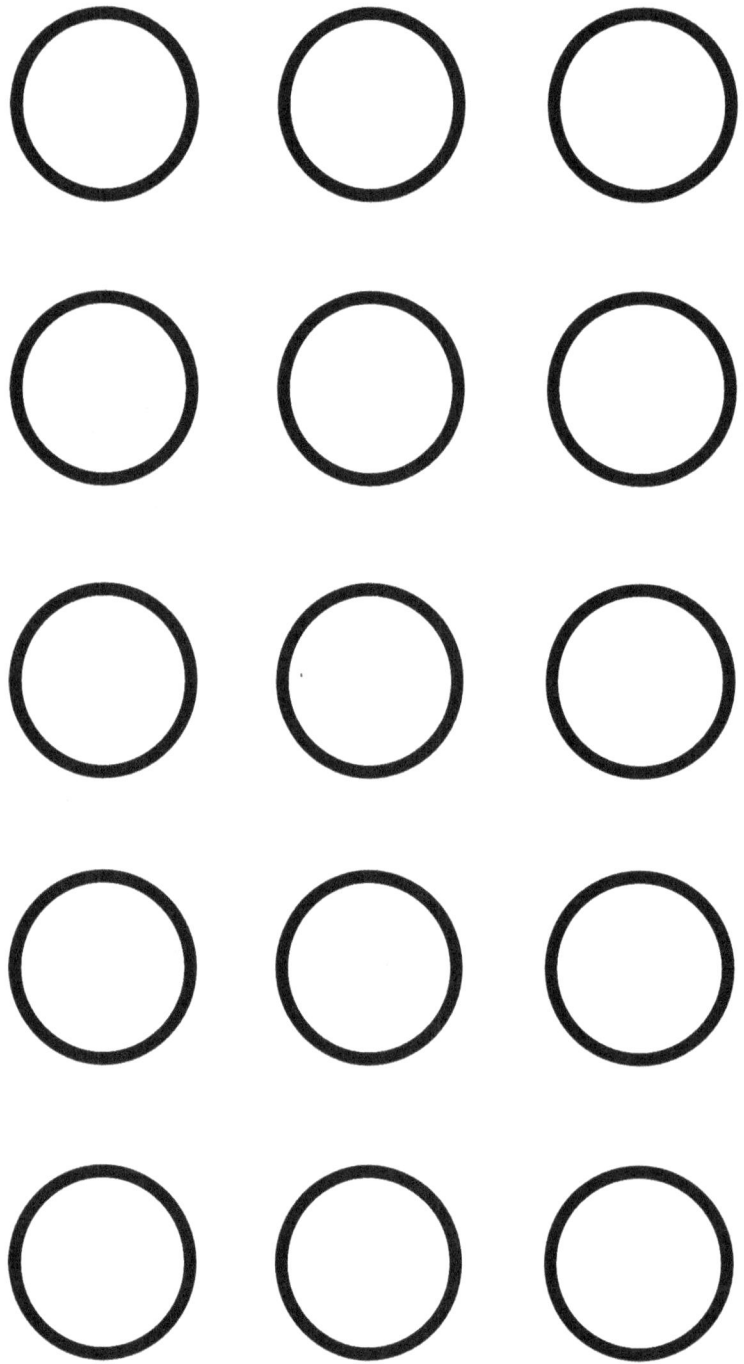

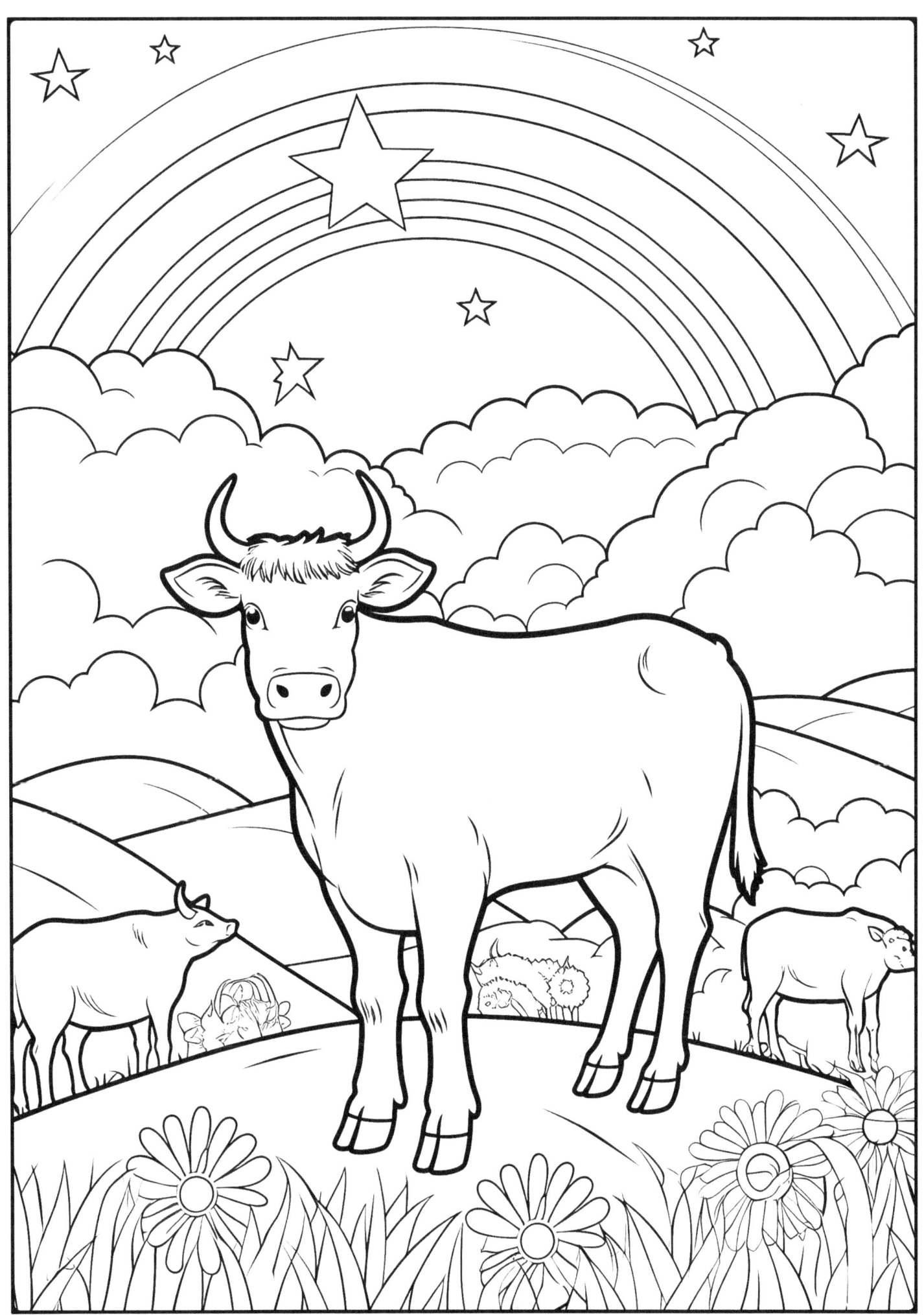

TEST COLOR PAGE

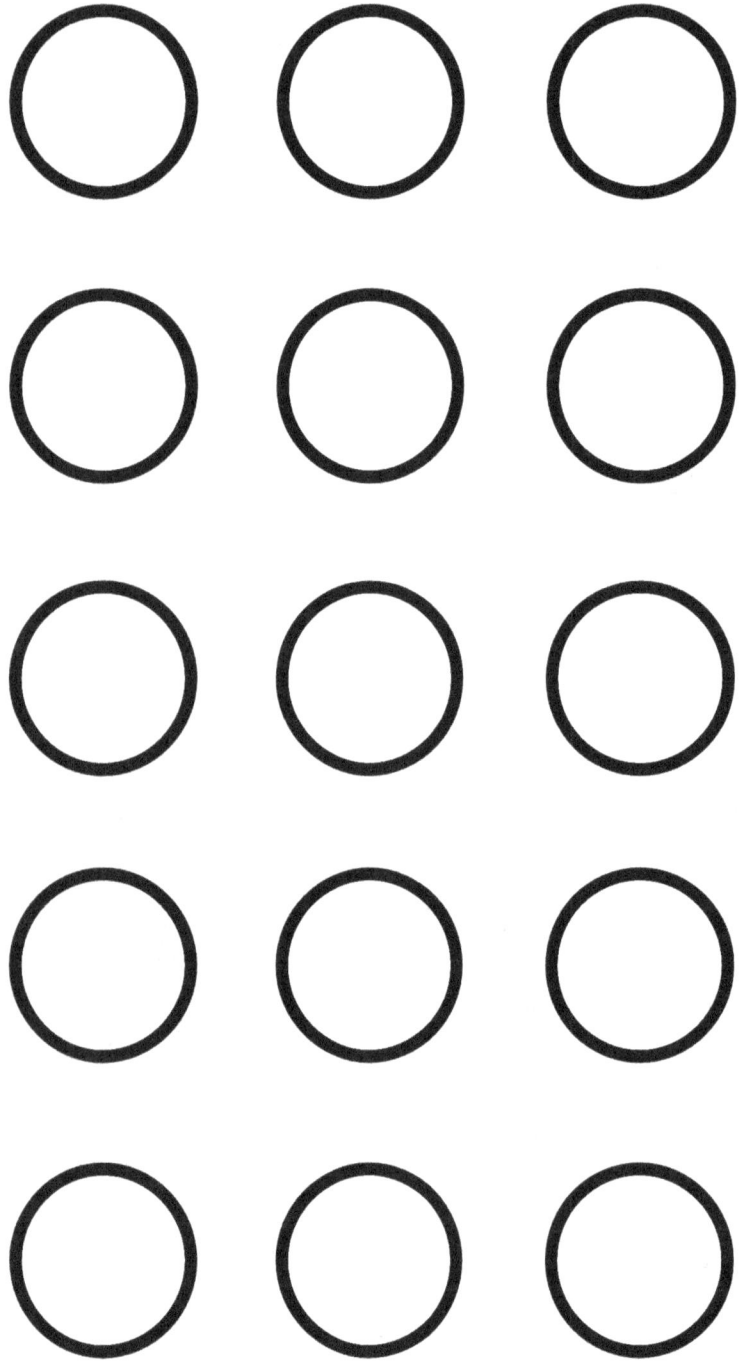

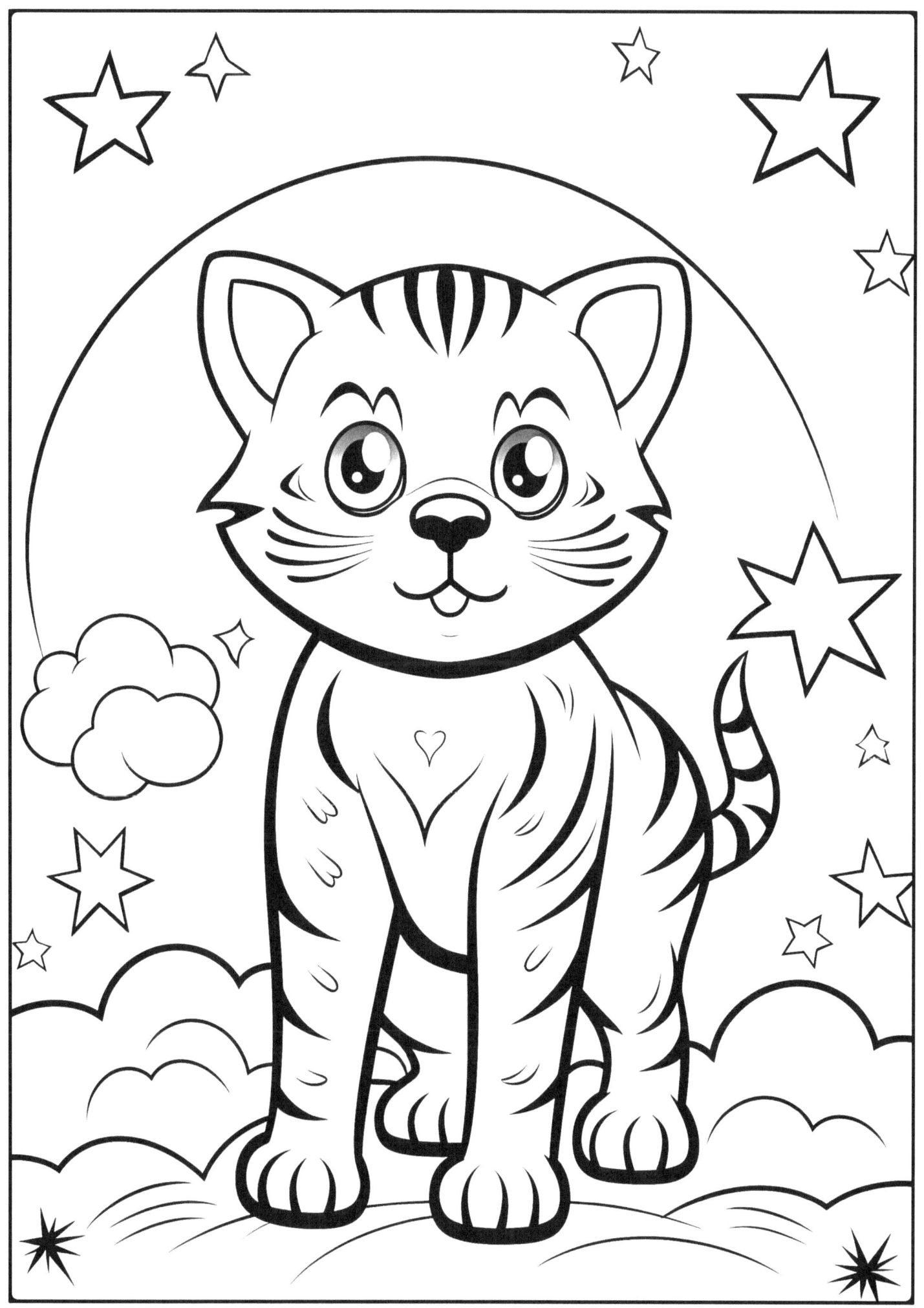

TEST COLOR PAGE

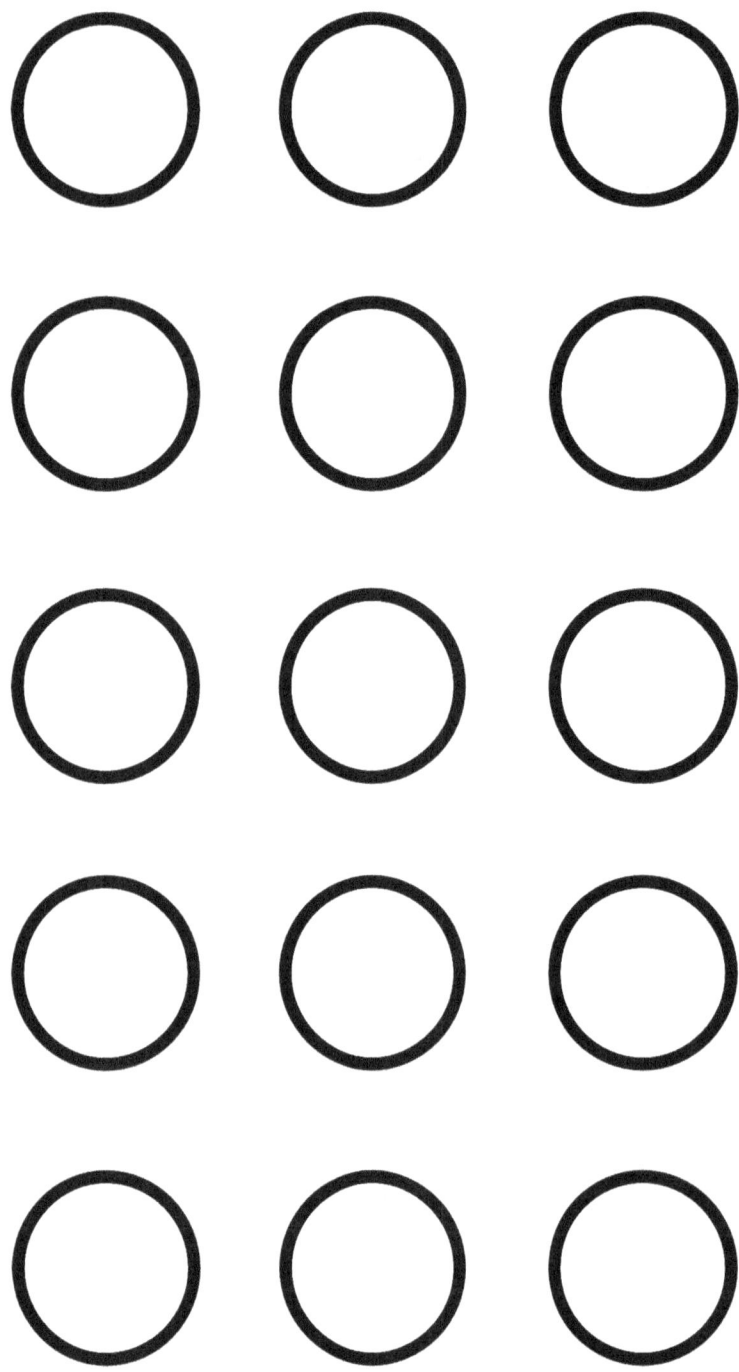

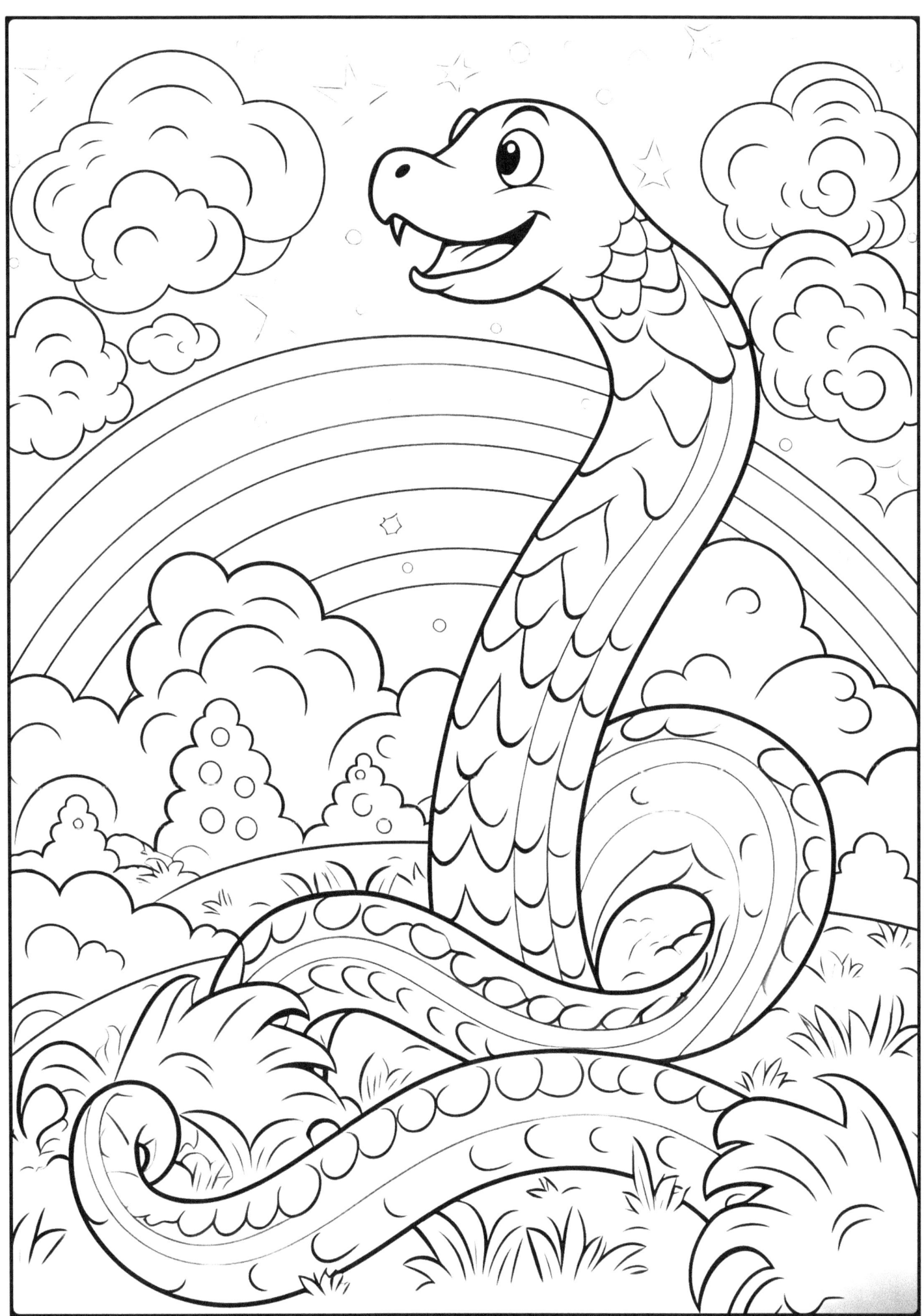

TEST COLOR PAGE

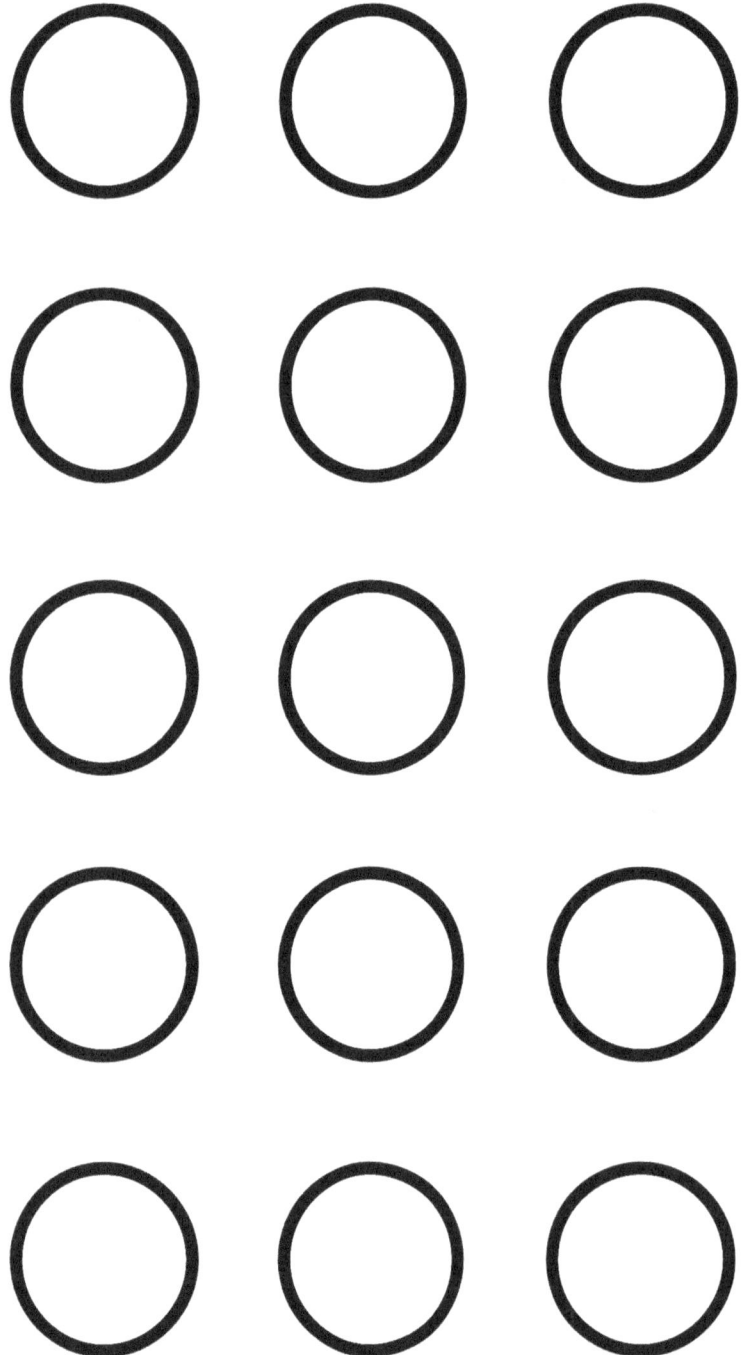

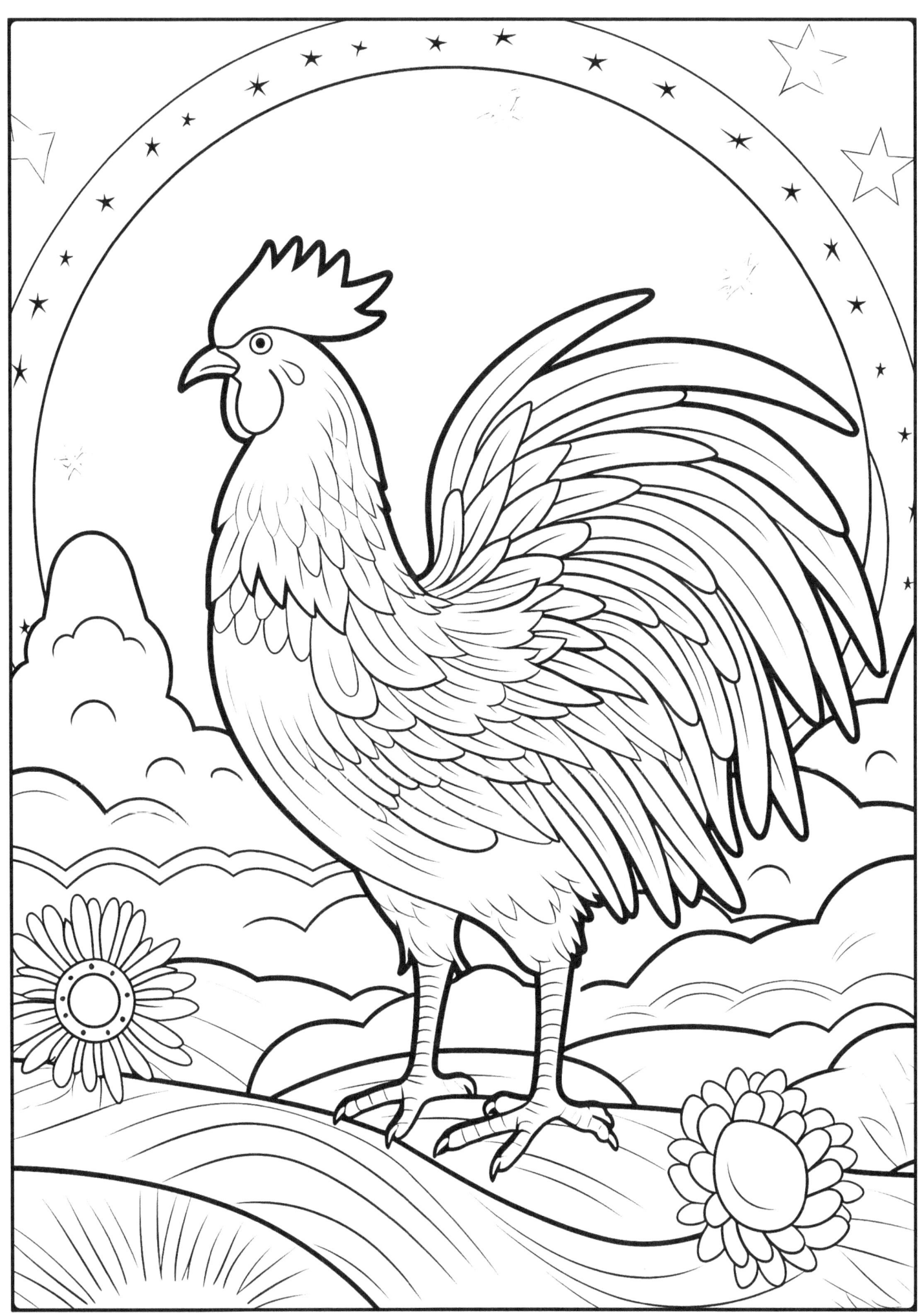

TEST COLOR PAGE

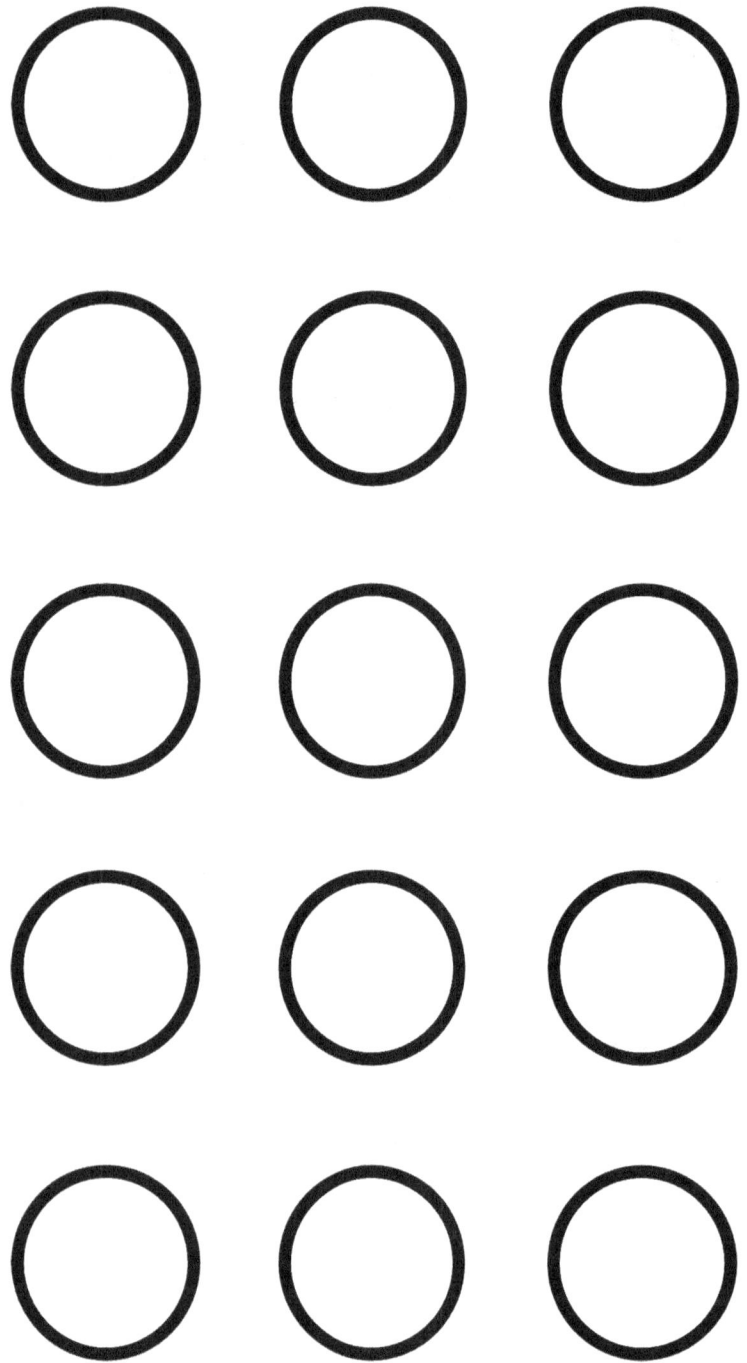

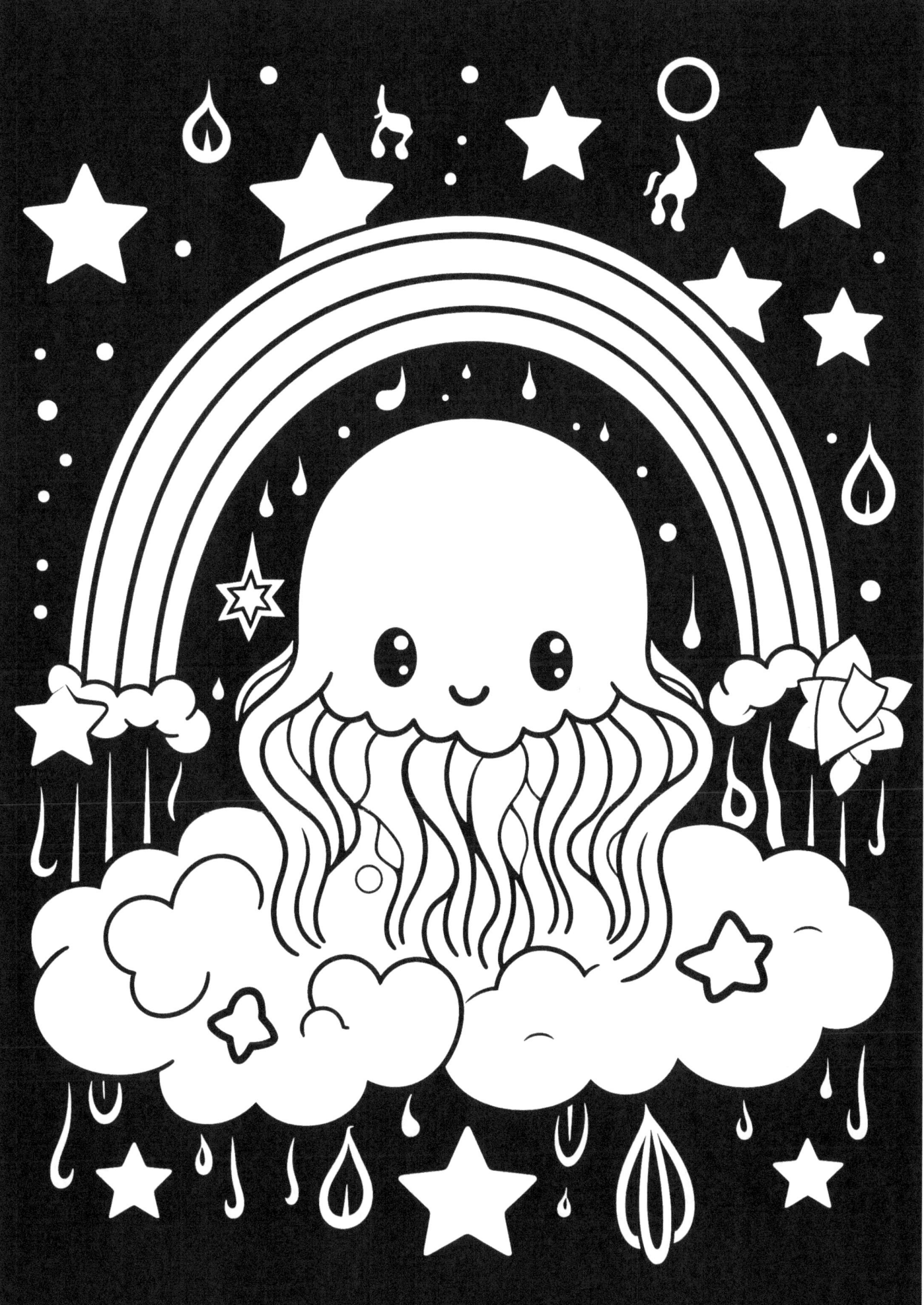

TEST COLOR PAGE

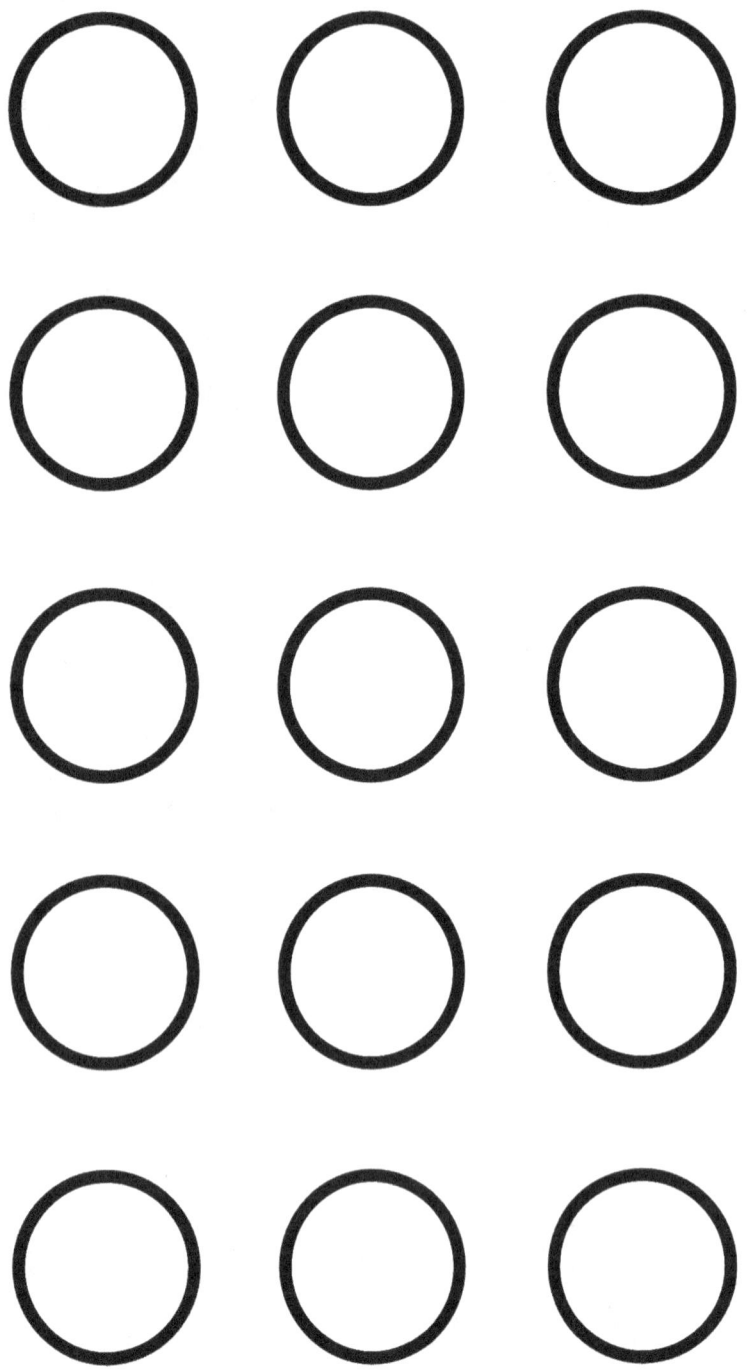

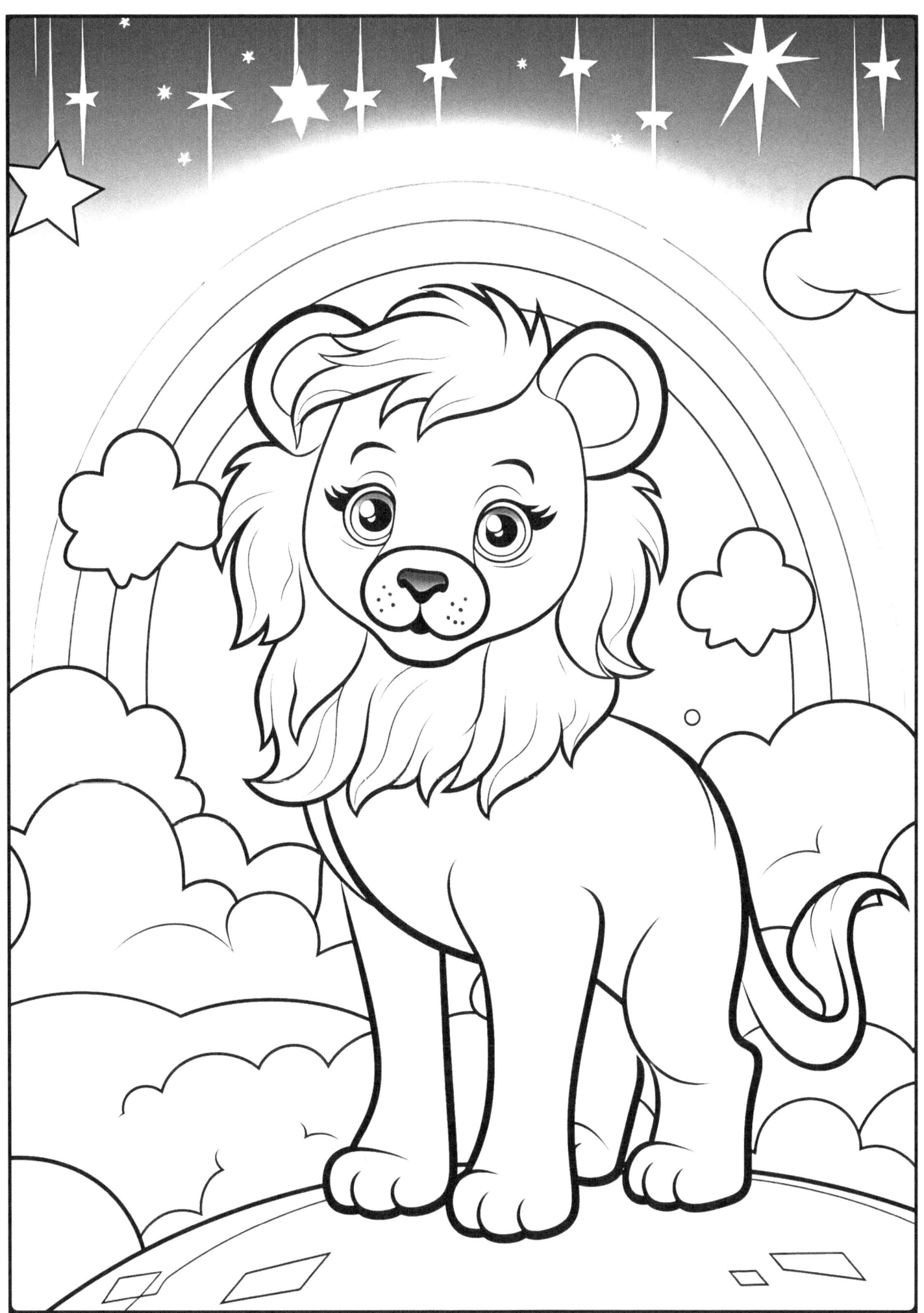

TEST COLOR PAGE

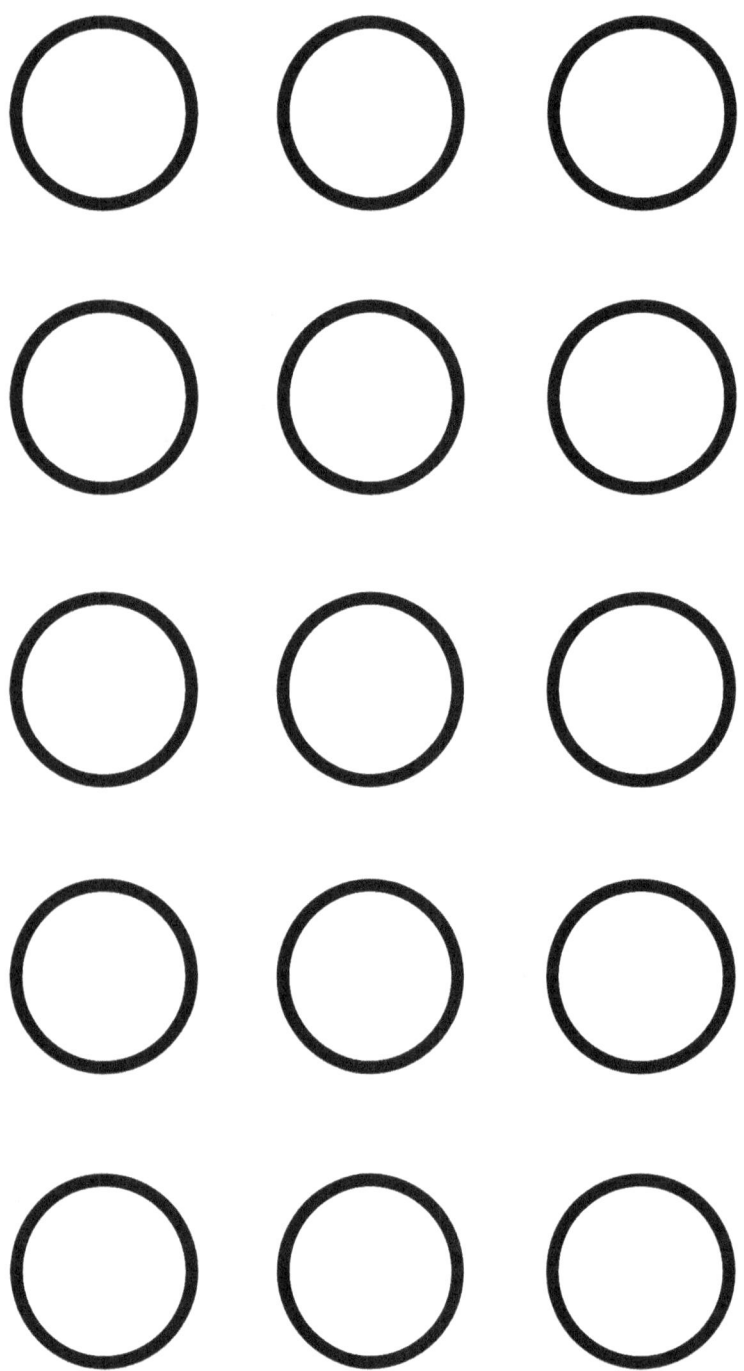

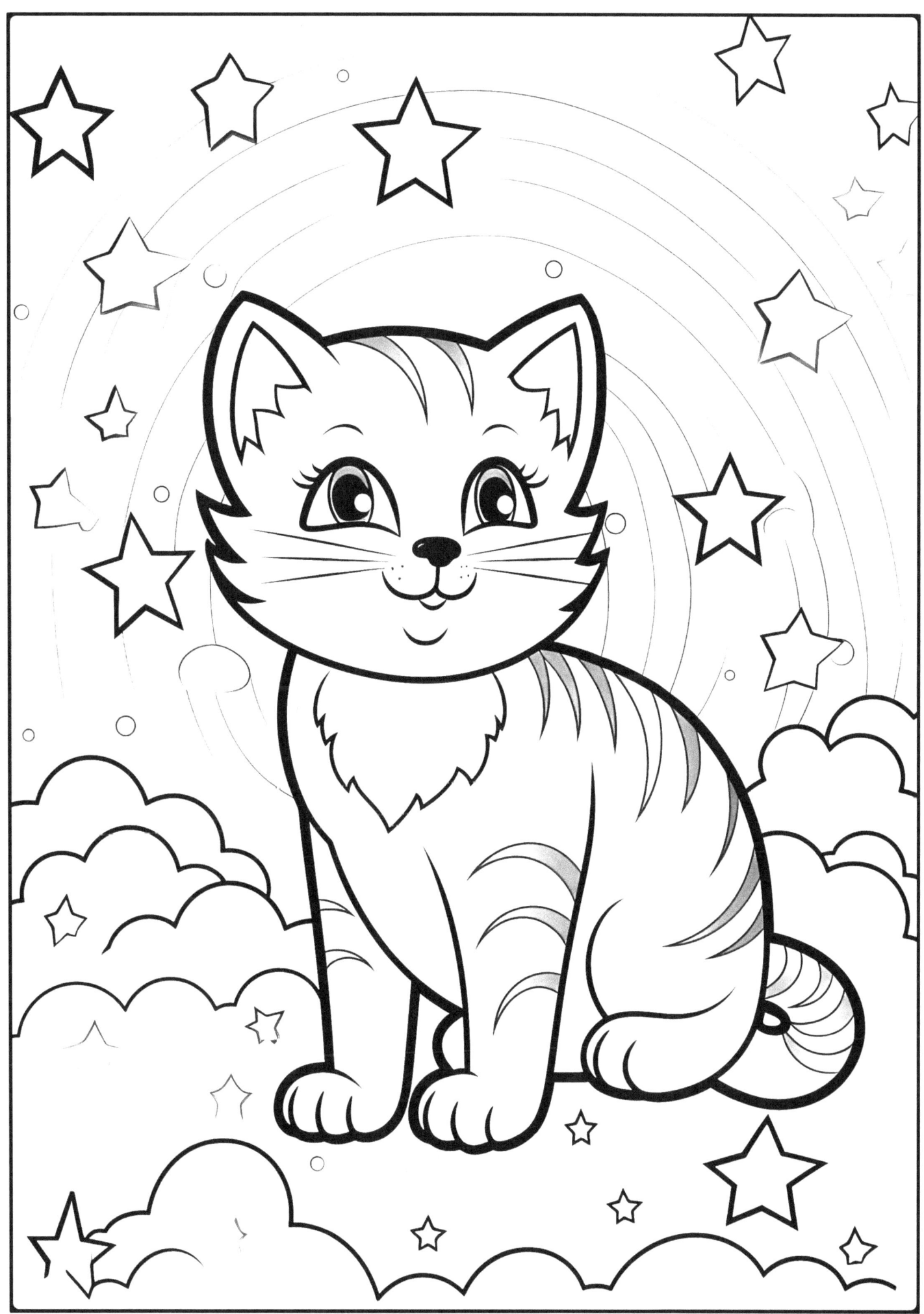

TEST COLOR PAGE

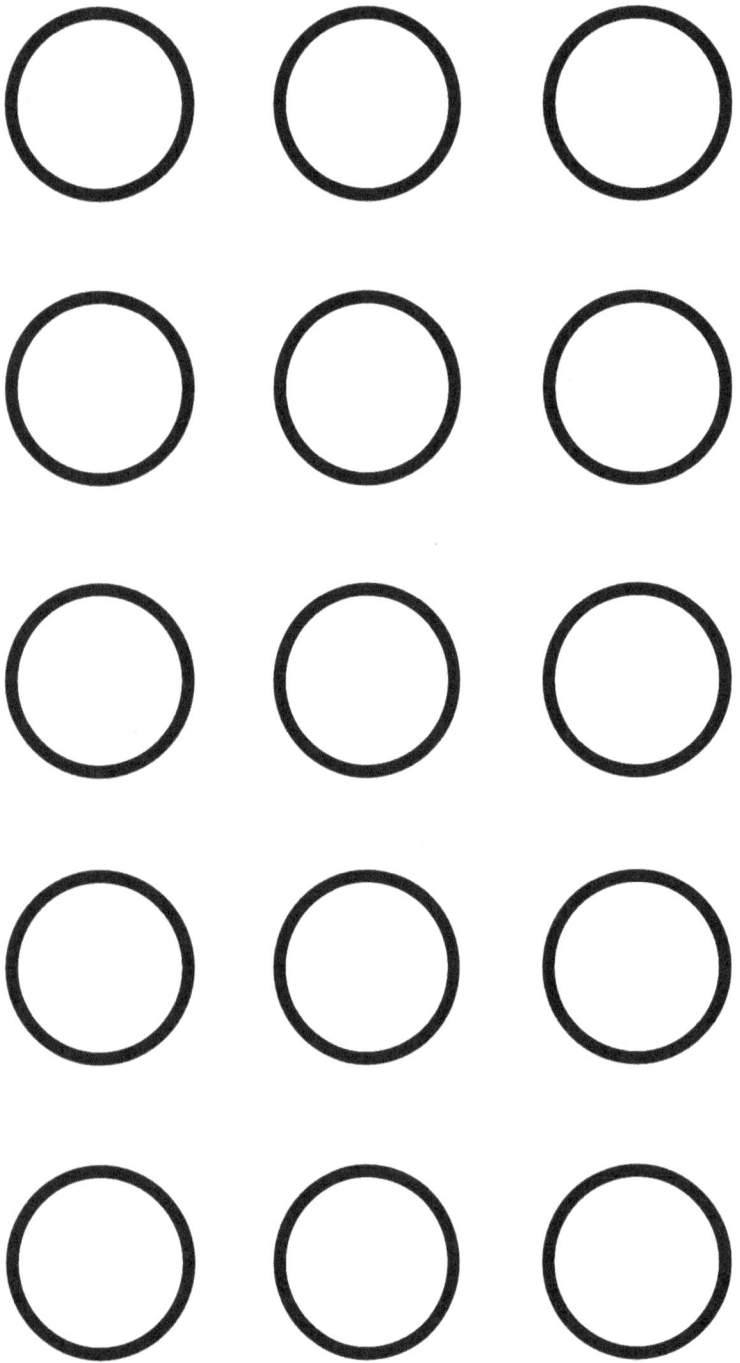

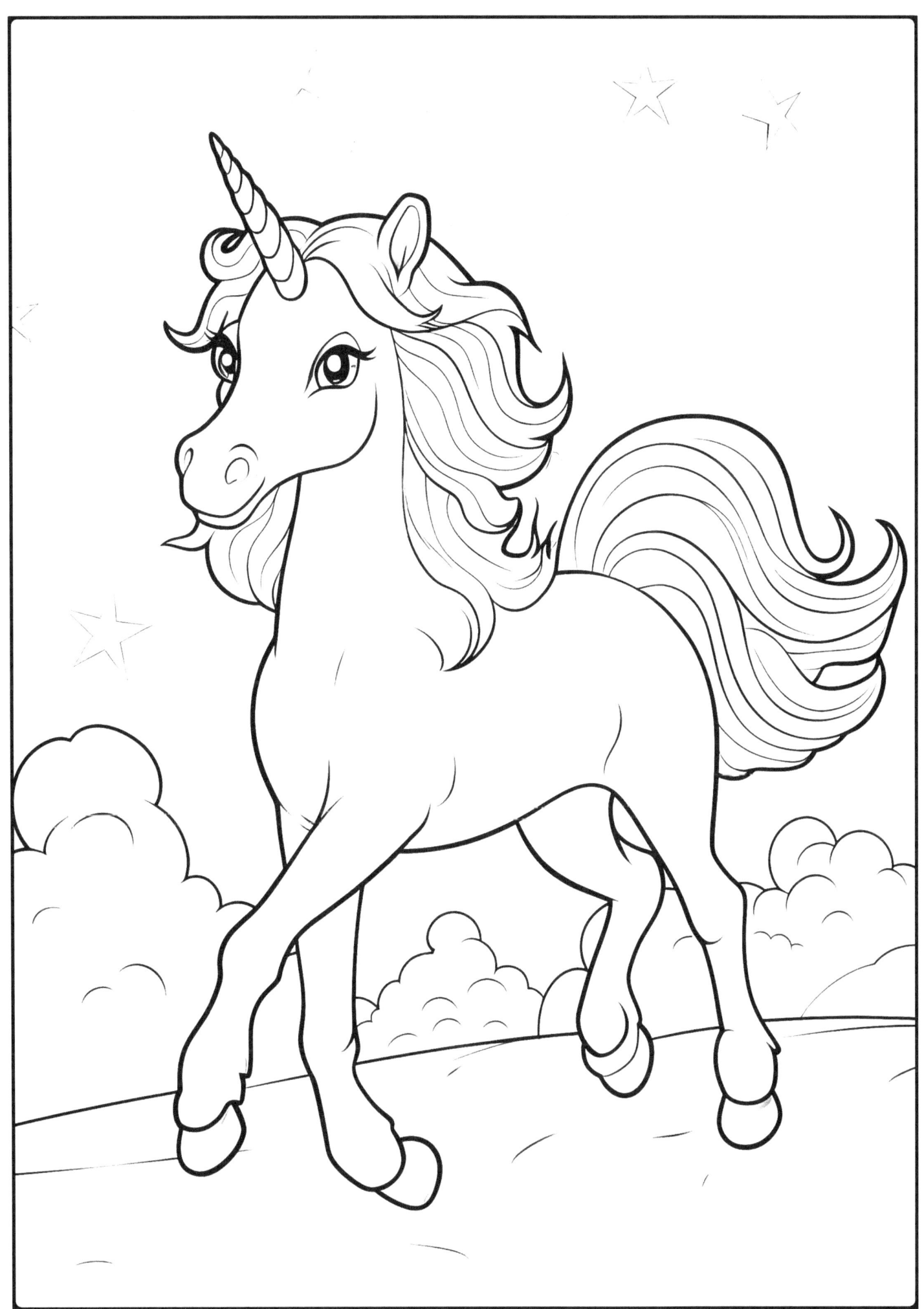

TEST COLOR PAGE

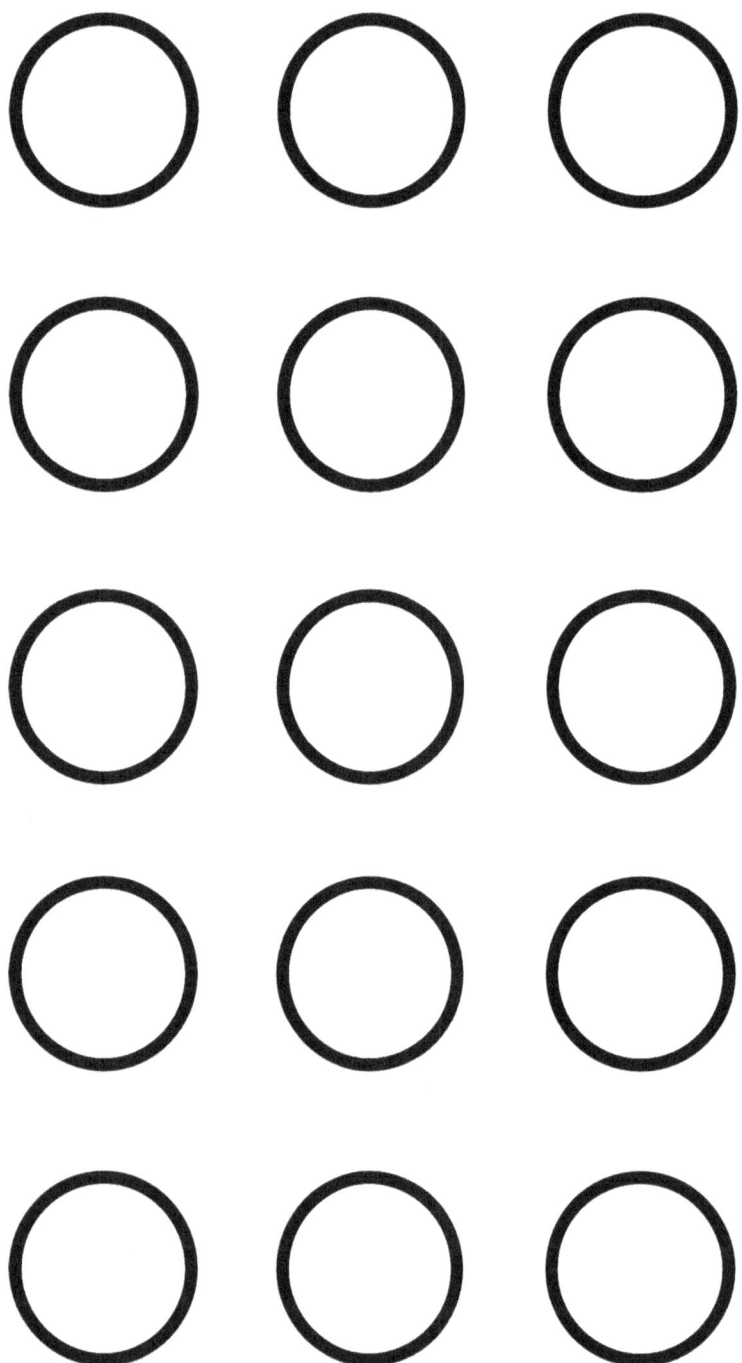

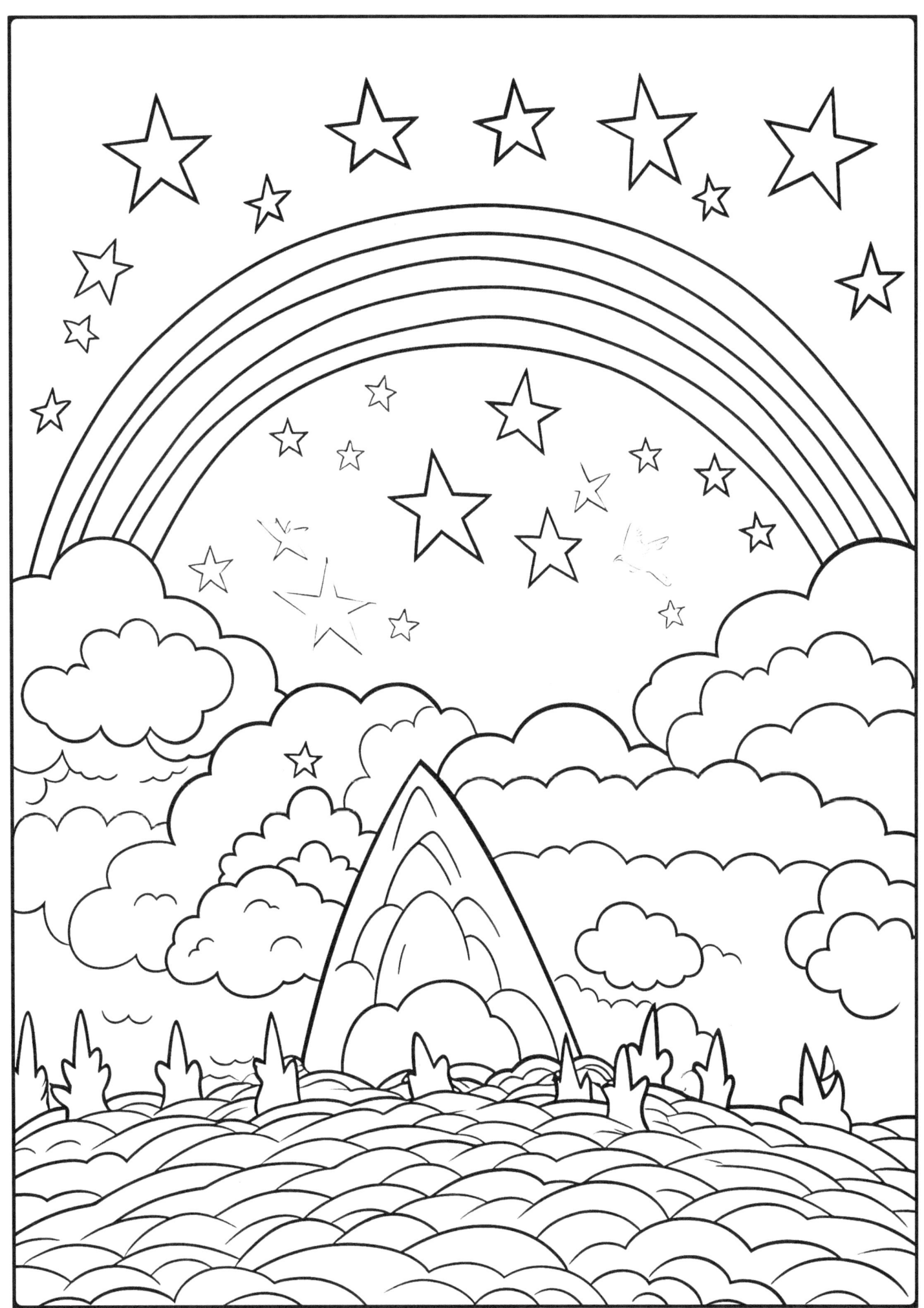

TEST COLOR PAGE

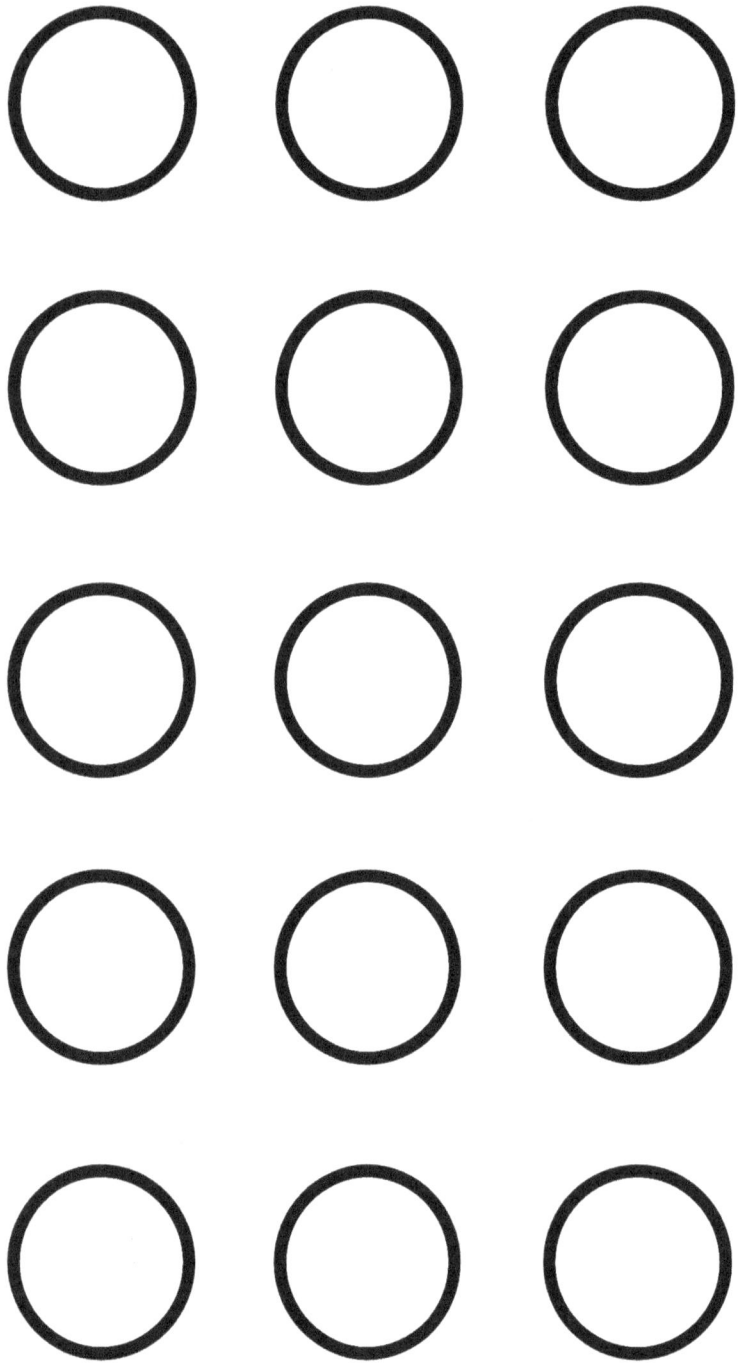

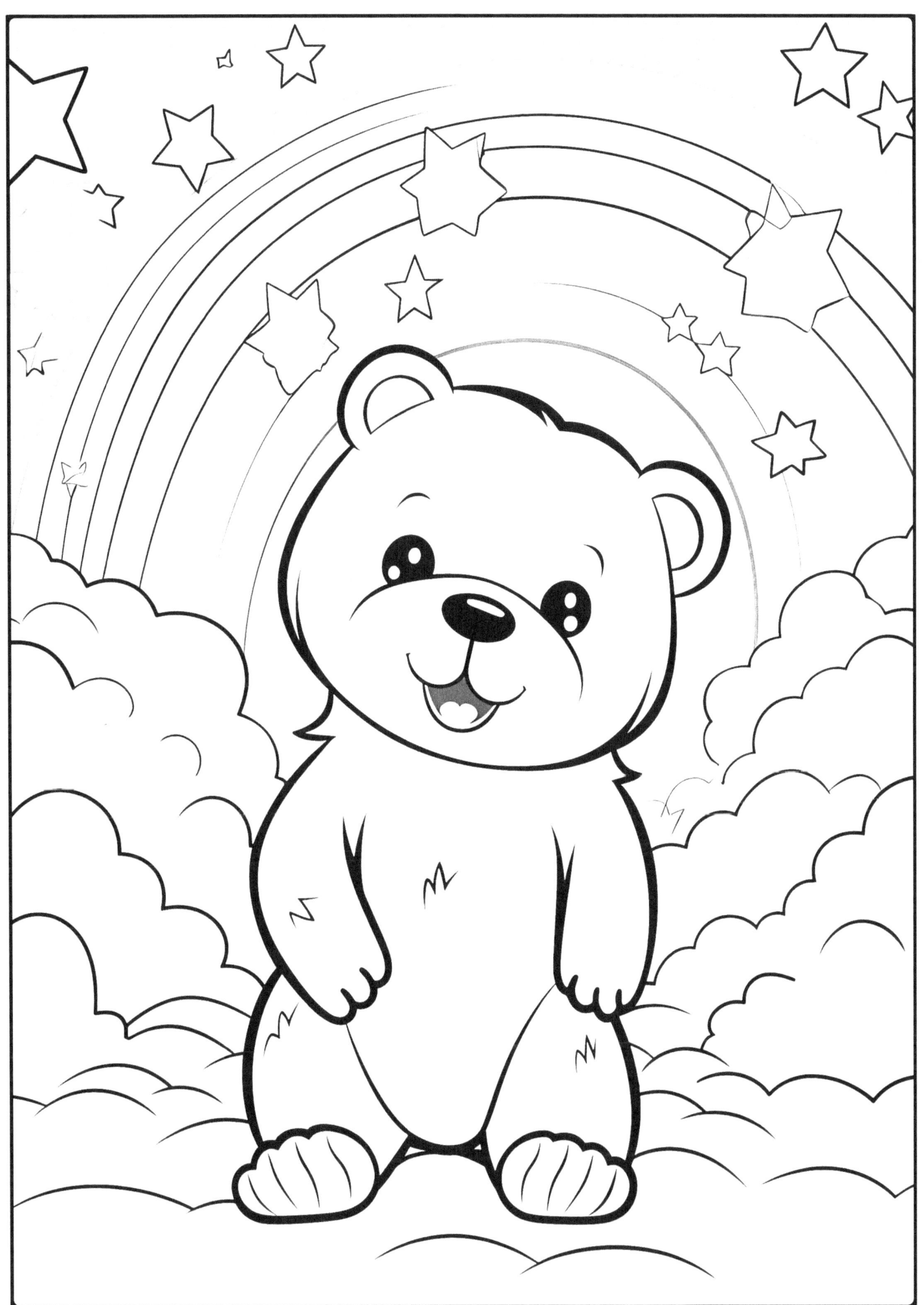

TEST COLOR PAGE

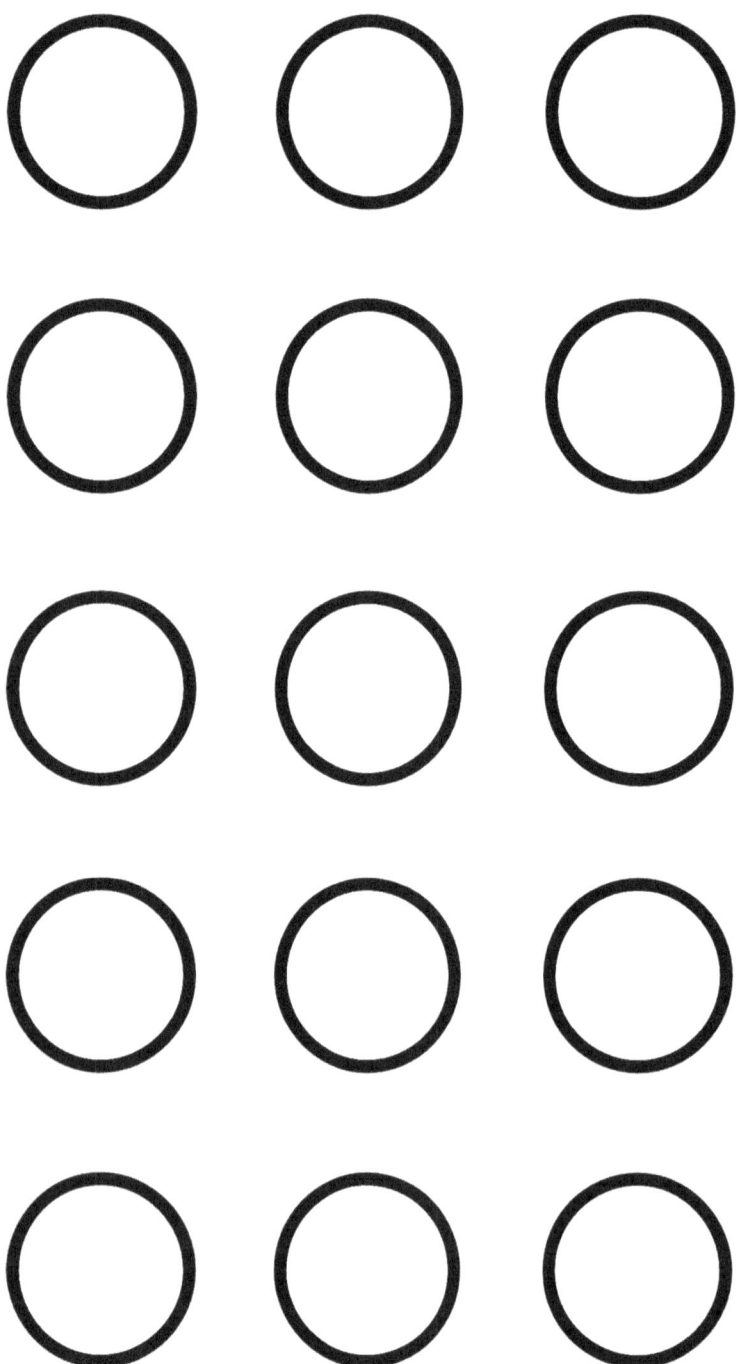

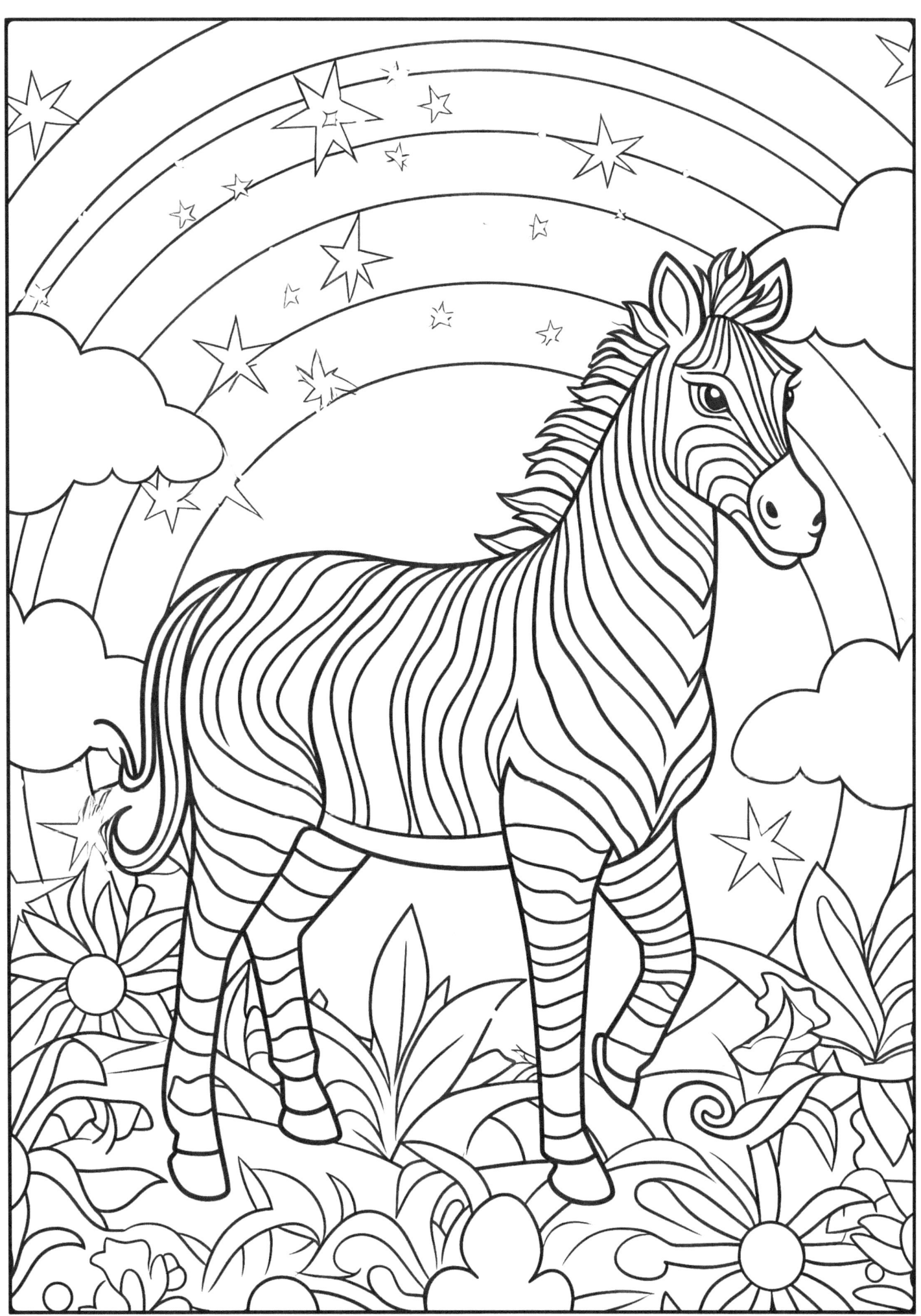

TEST COLOR PAGE

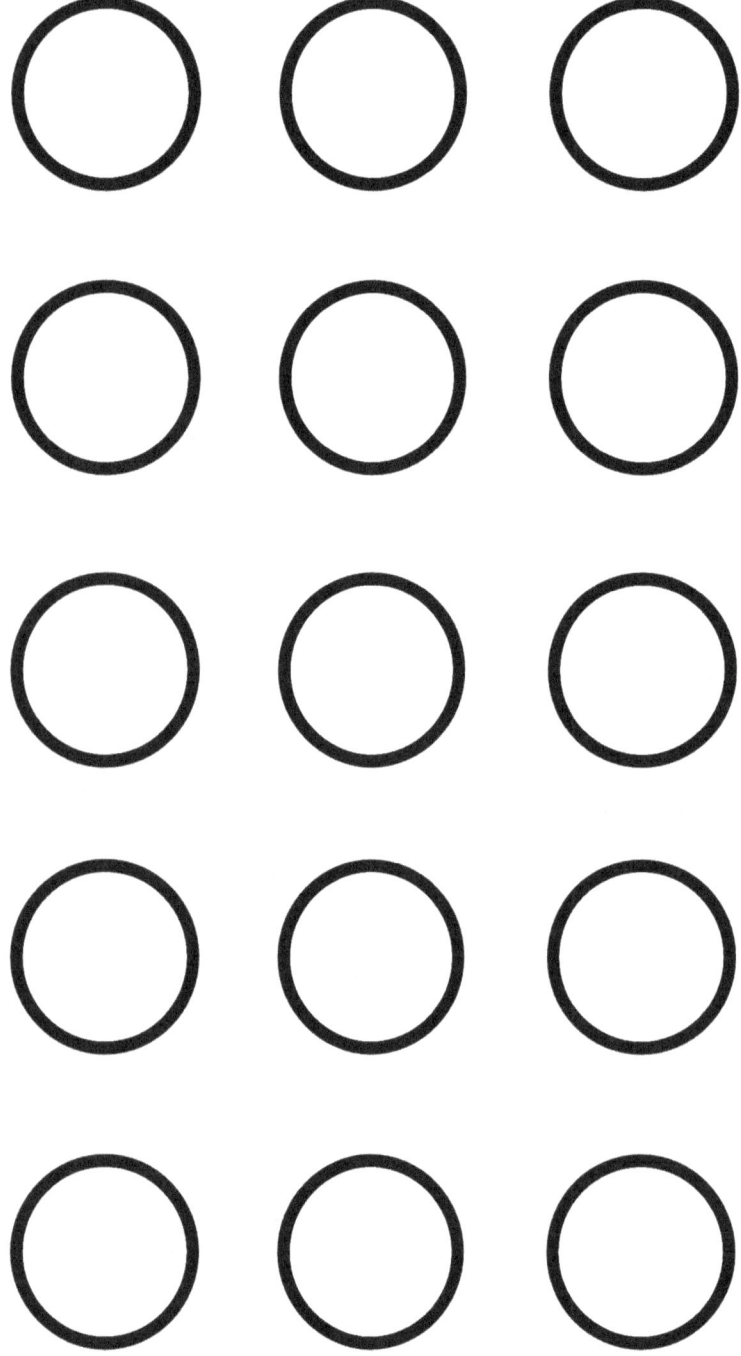

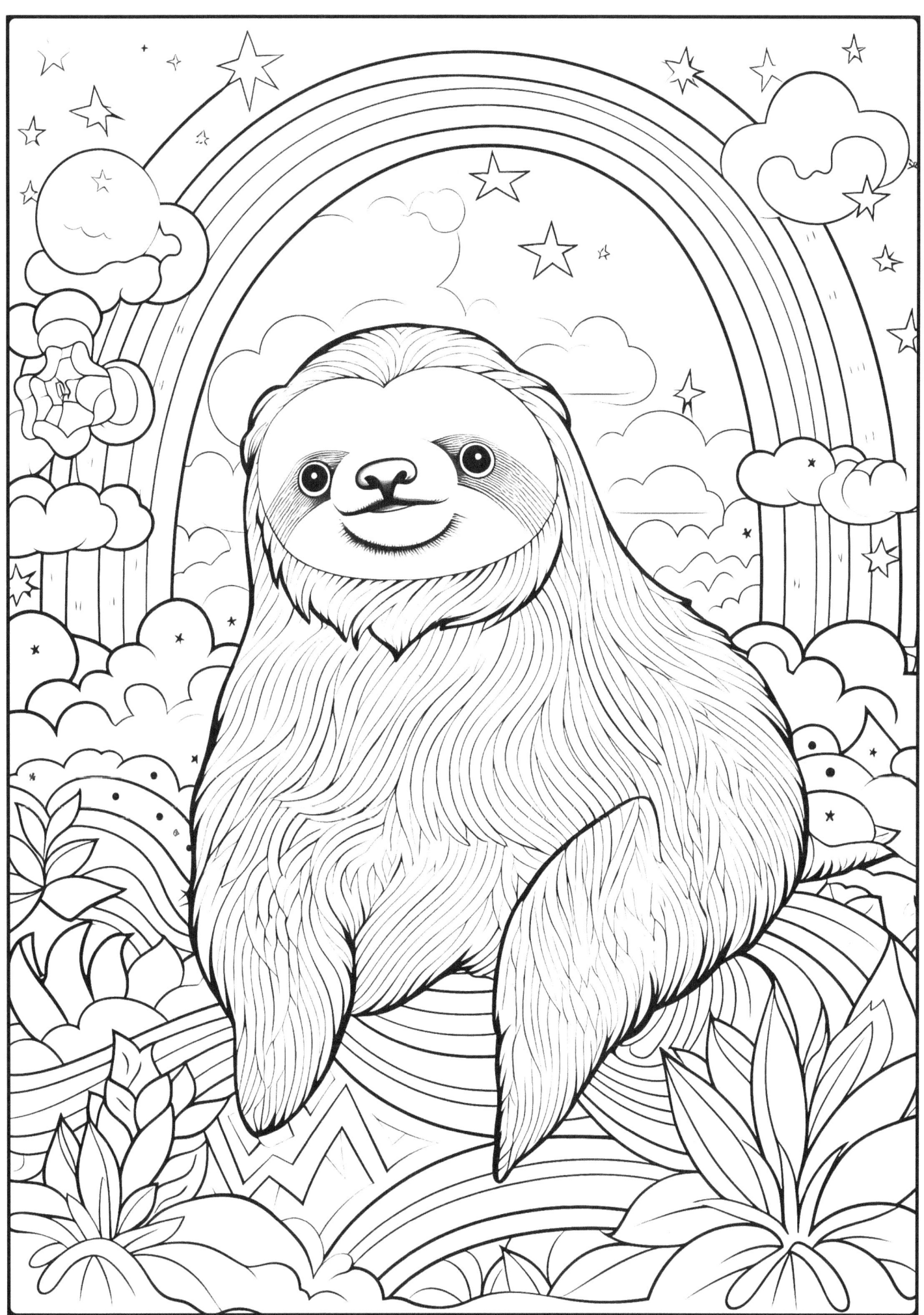

TEST COLOR PAGE

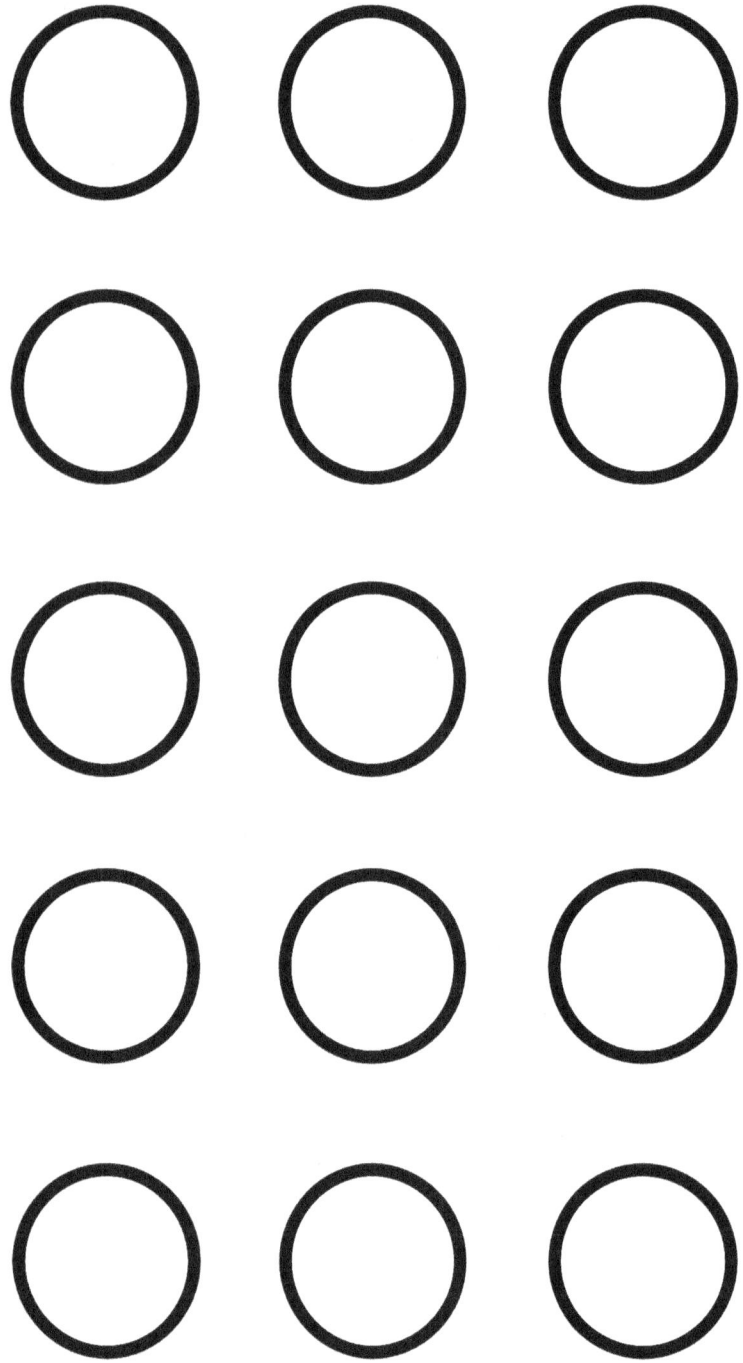

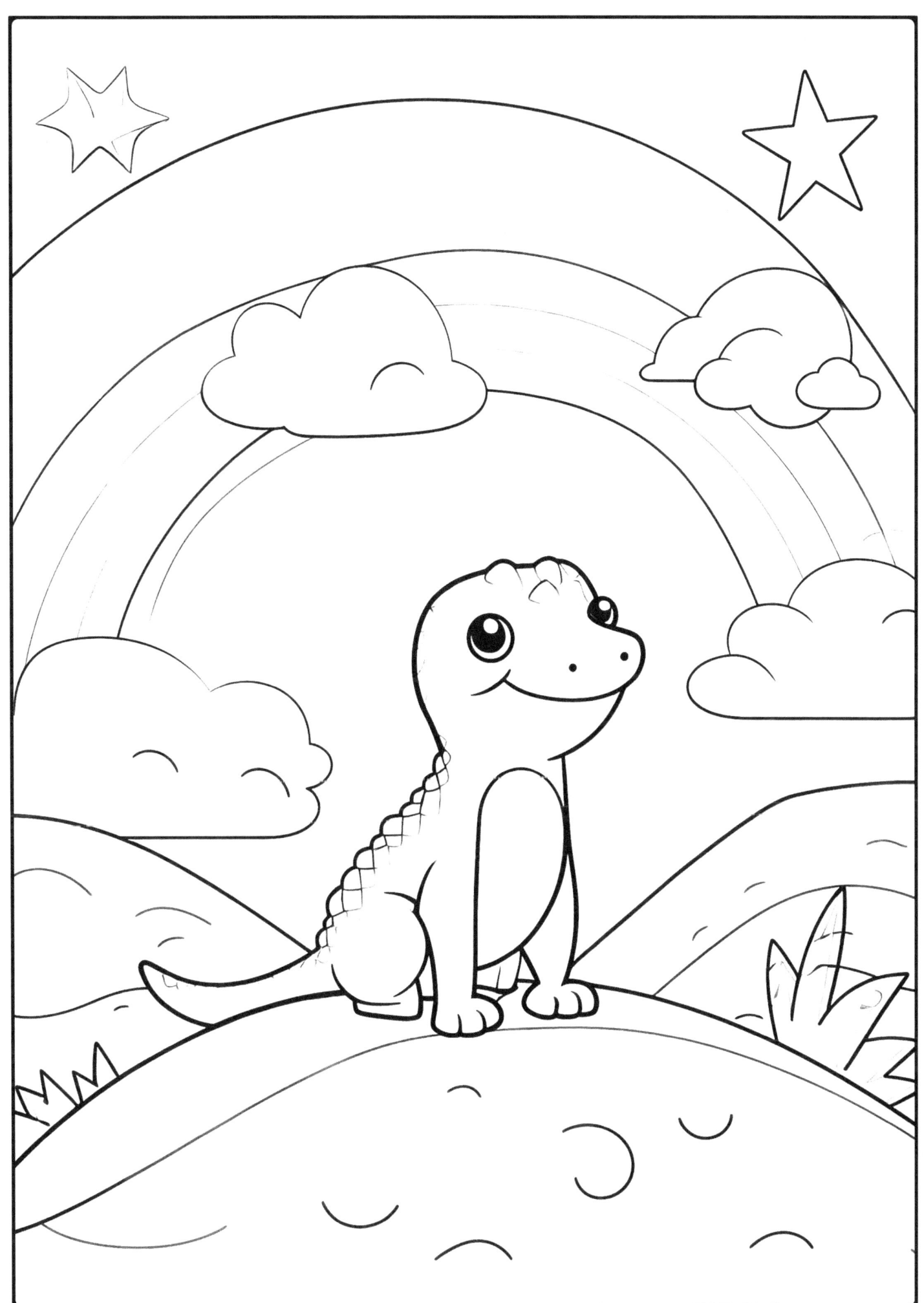

TEST COLOR PAGE

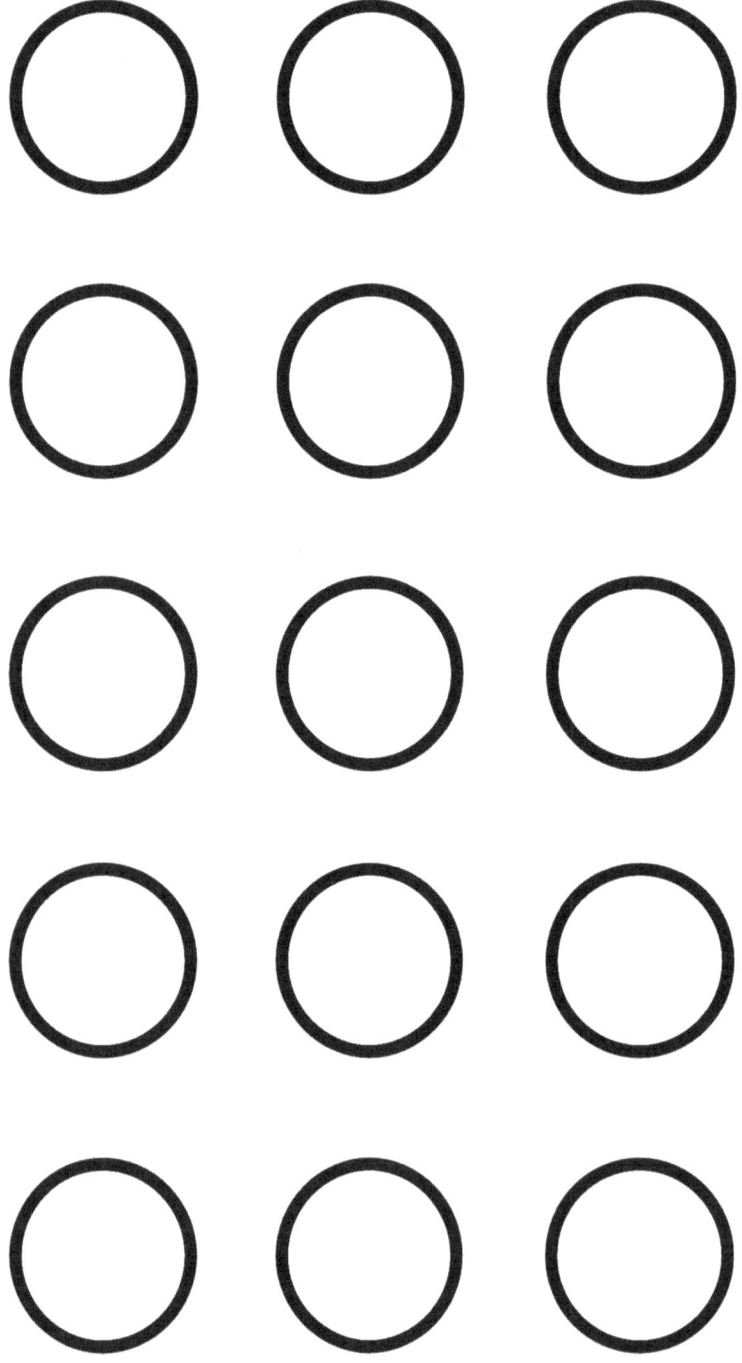

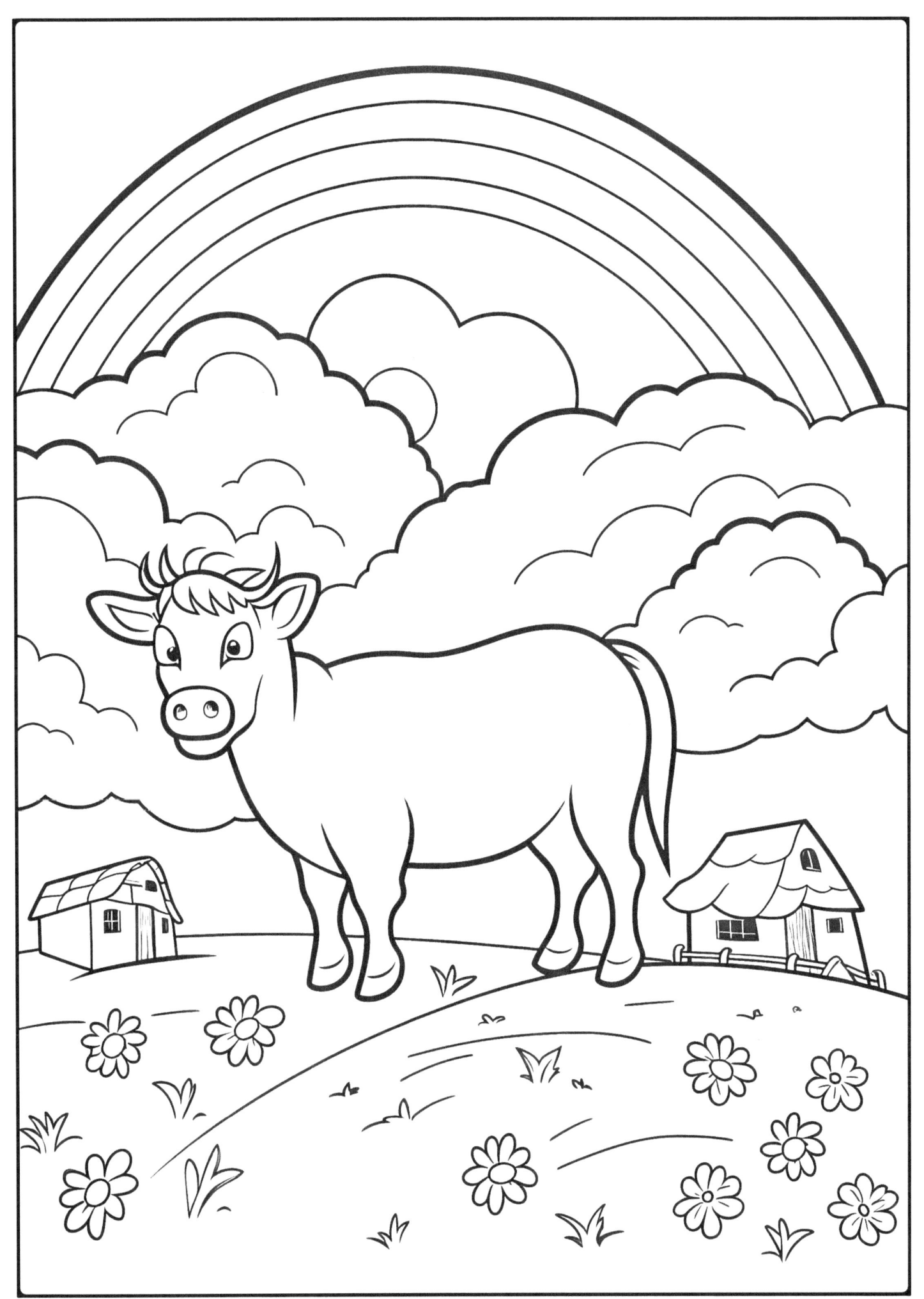

TEST COLOR PAGE

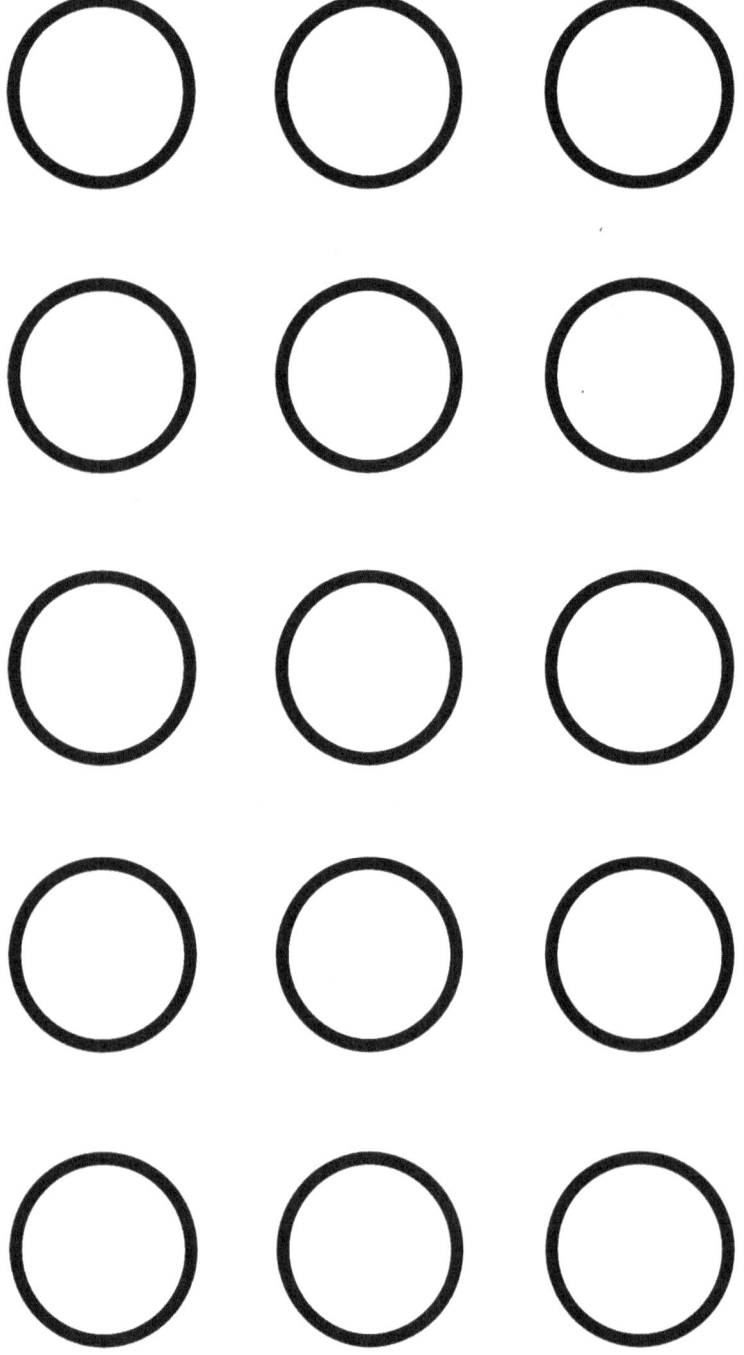

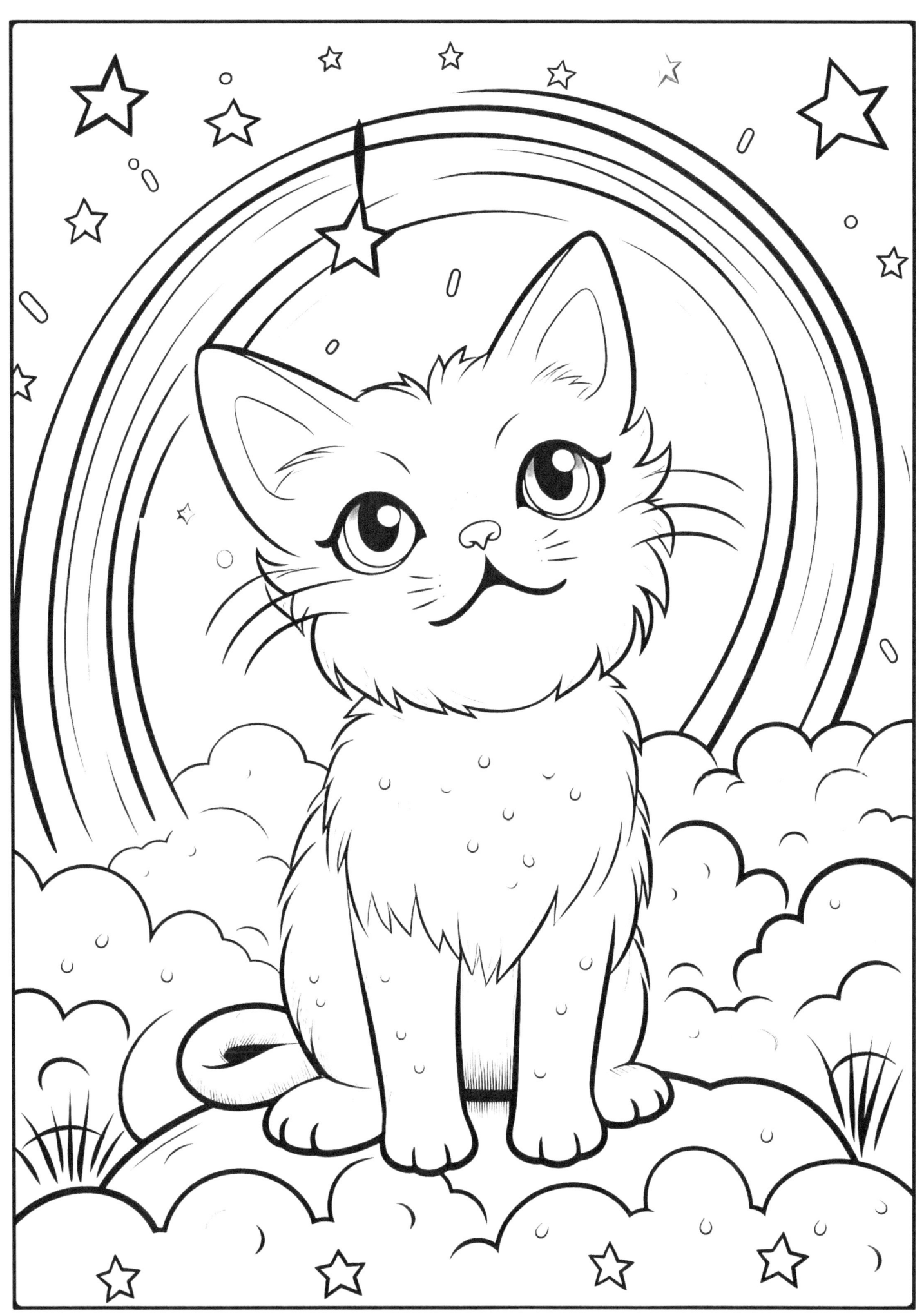

TEST COLOR PAGE

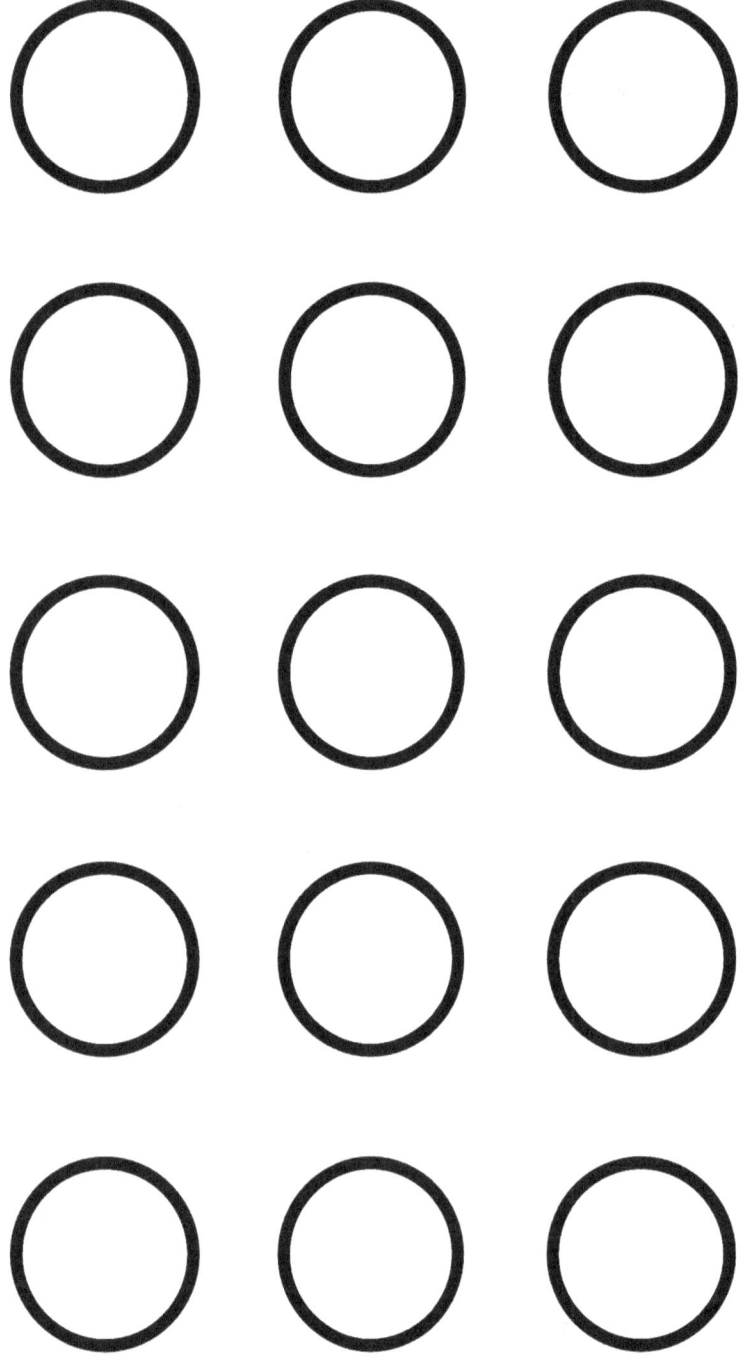

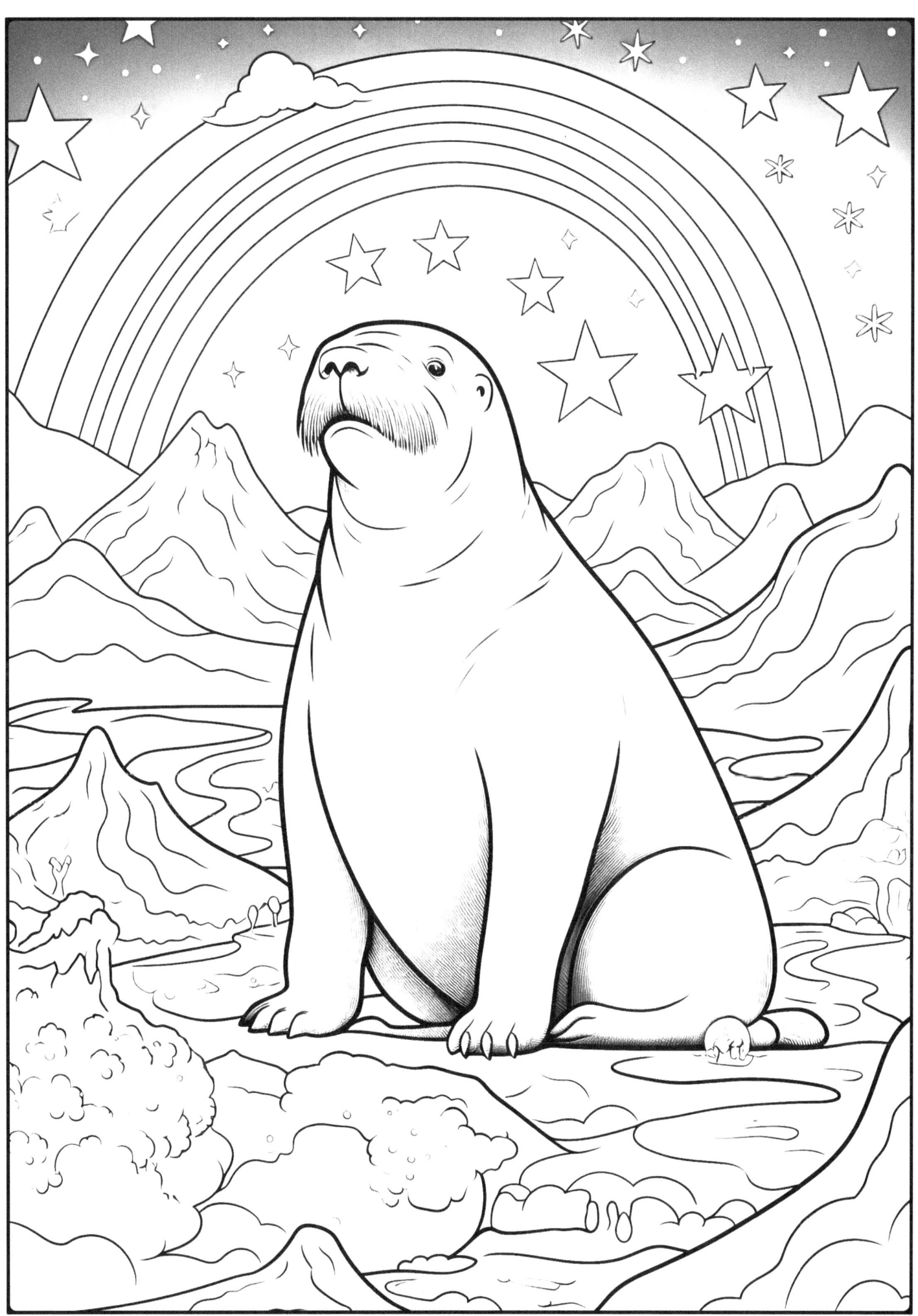

TEST COLOR PAGE

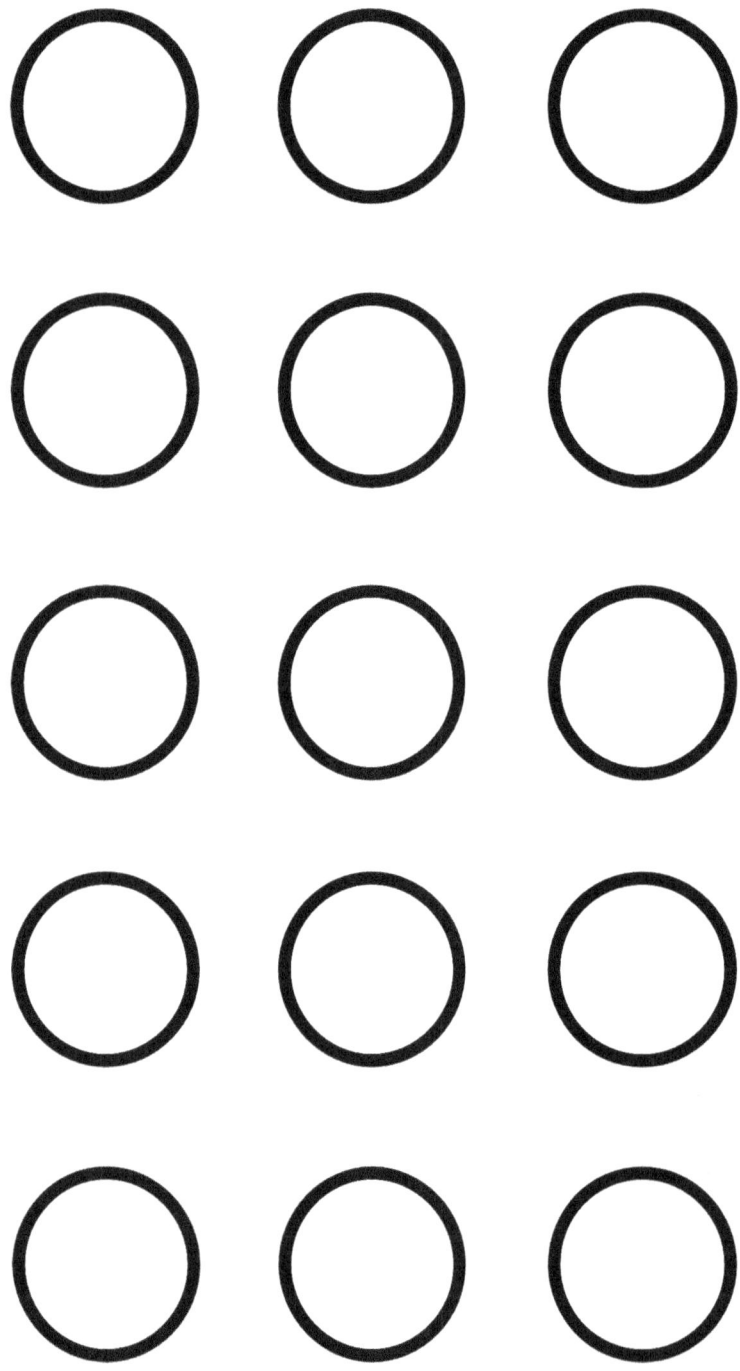

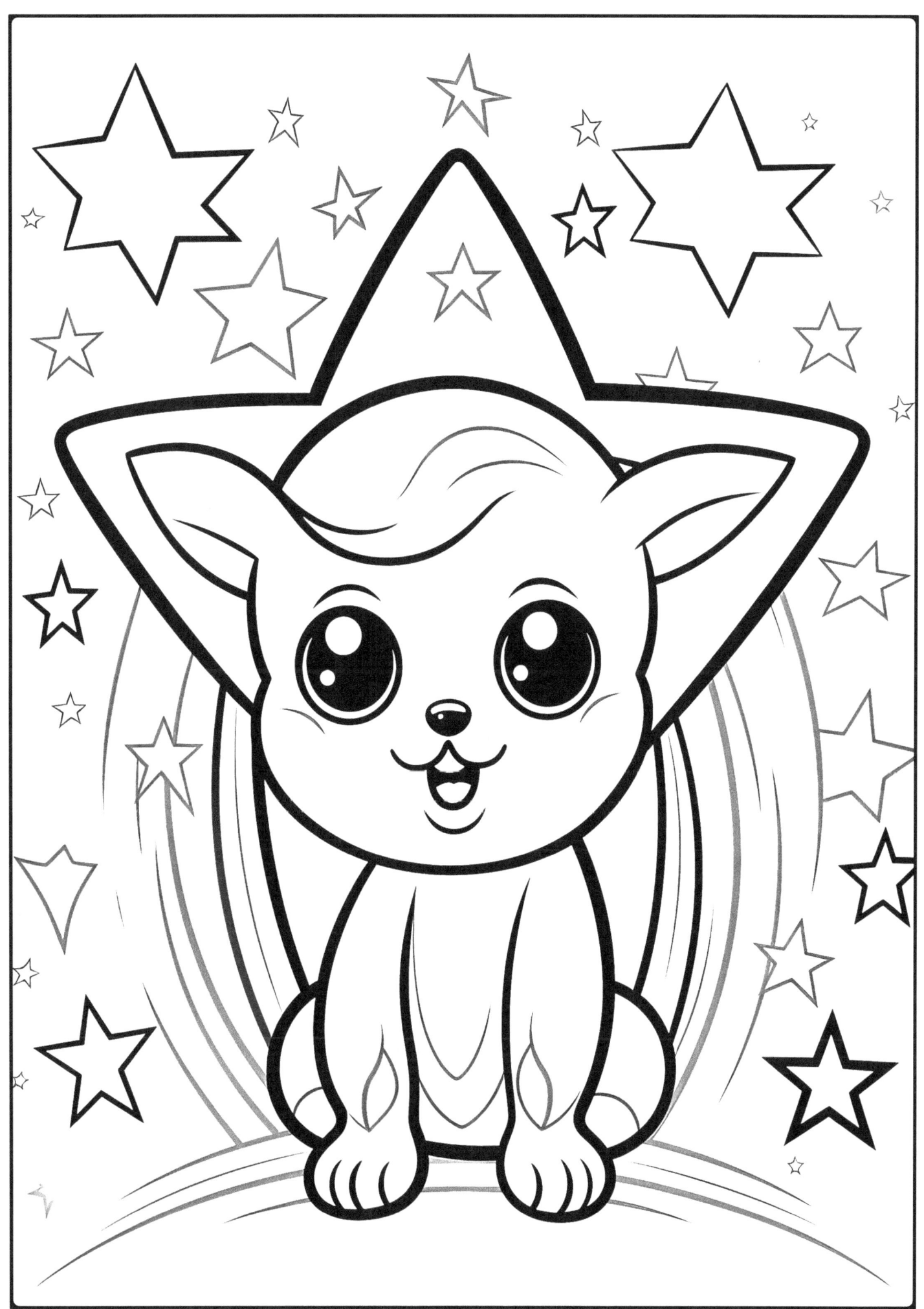

TEST COLOR PAGE

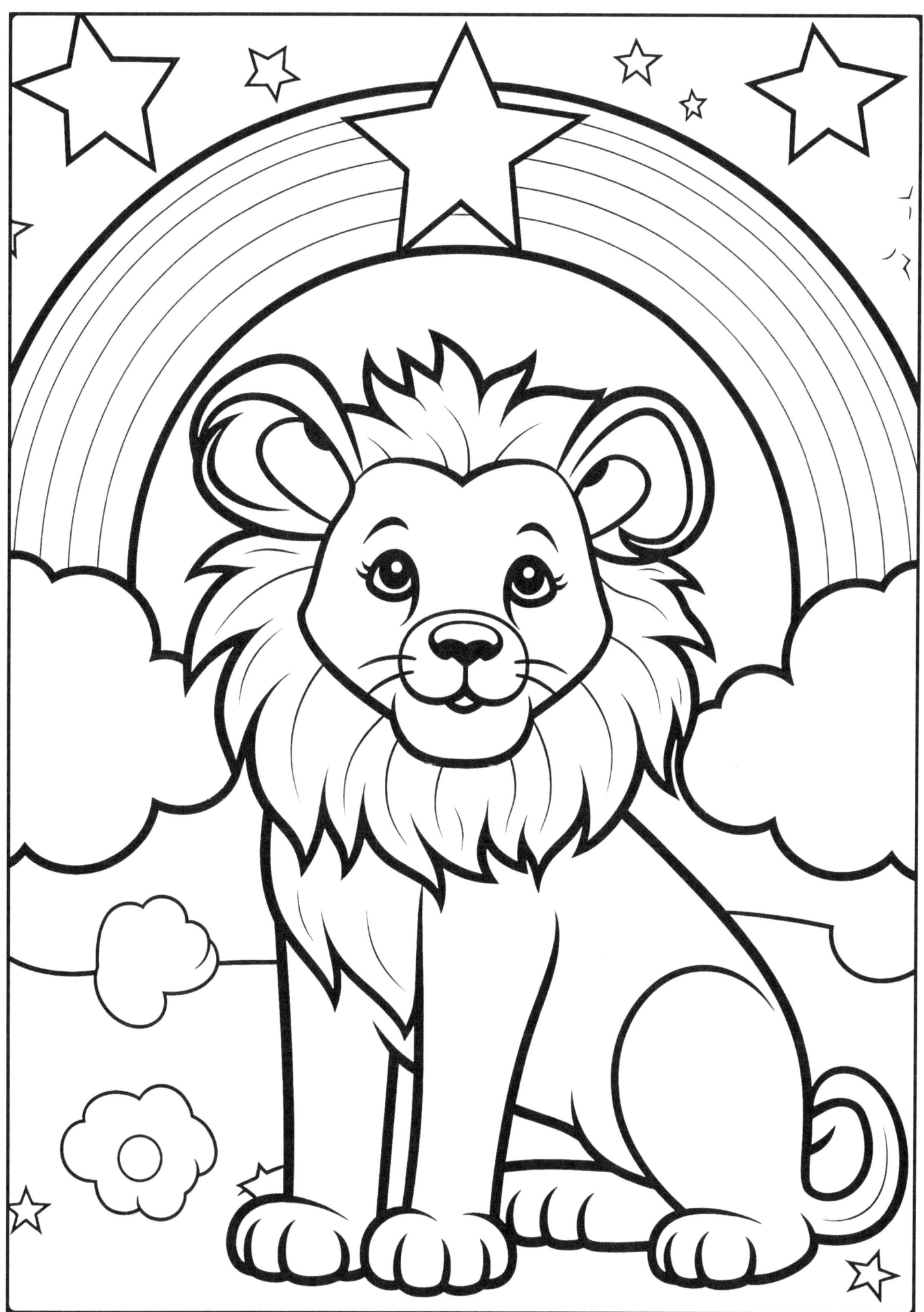

TEST COLOR PAGE

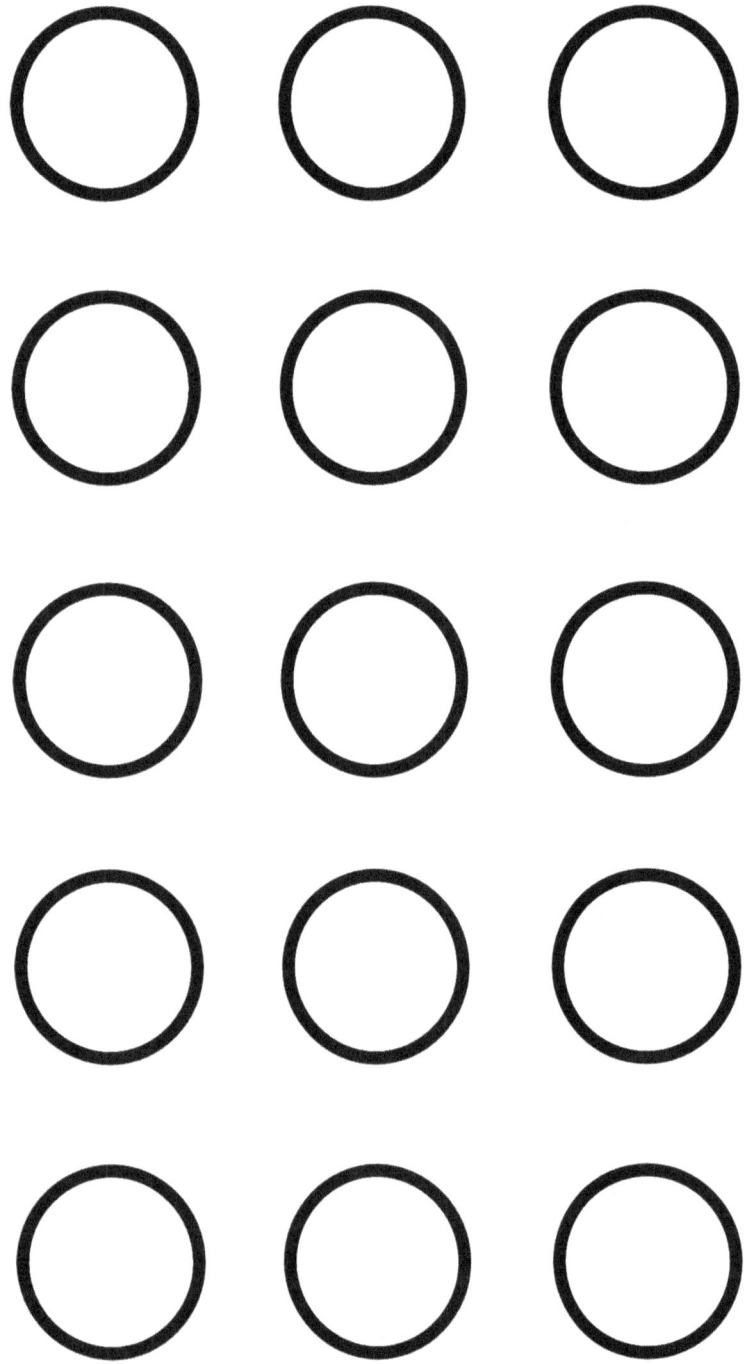

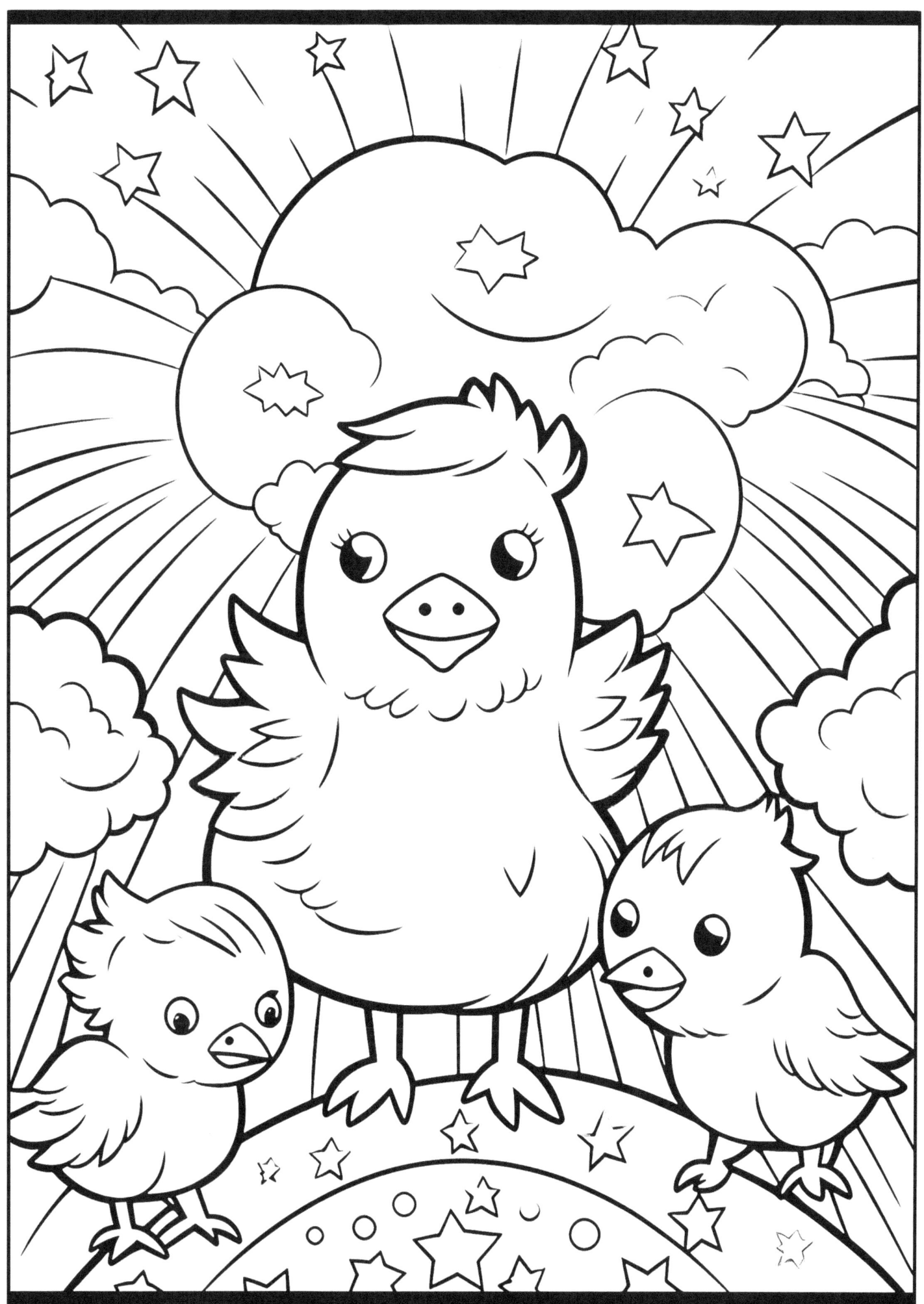

TEST COLOR PAGE

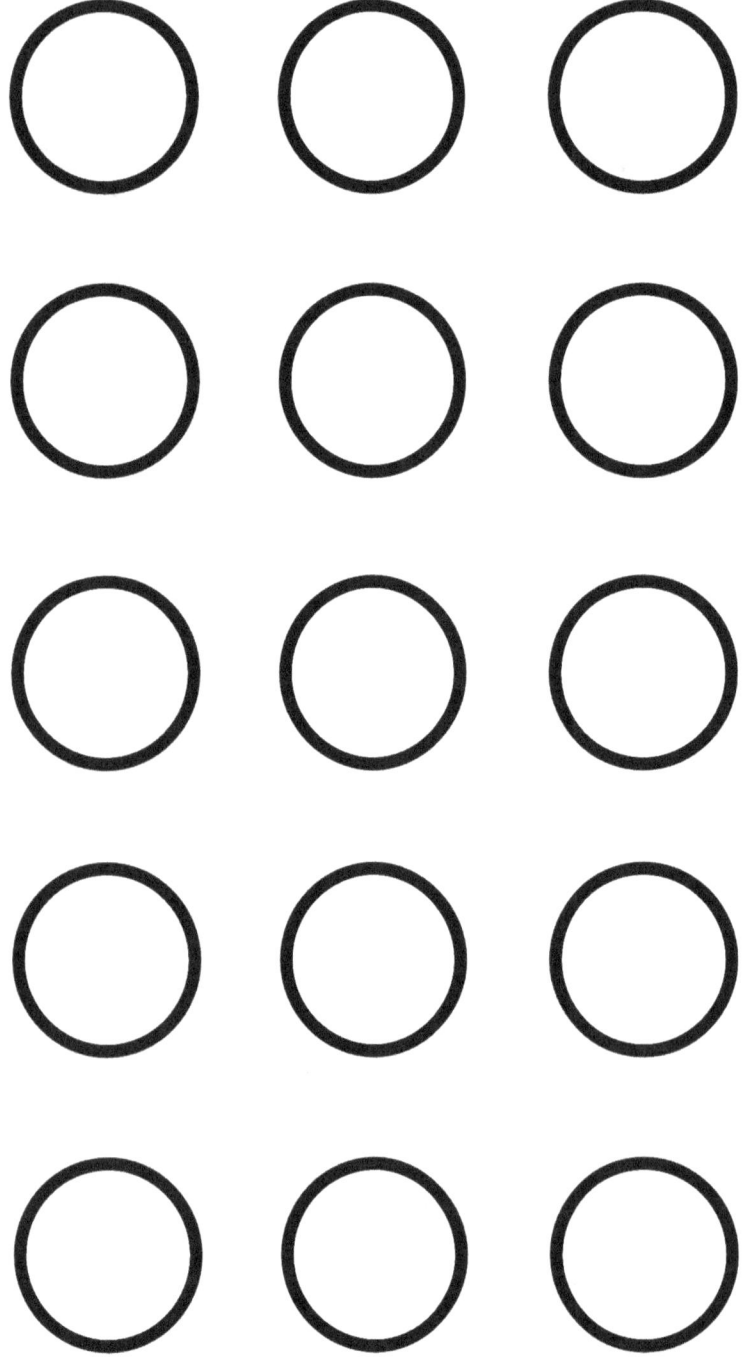

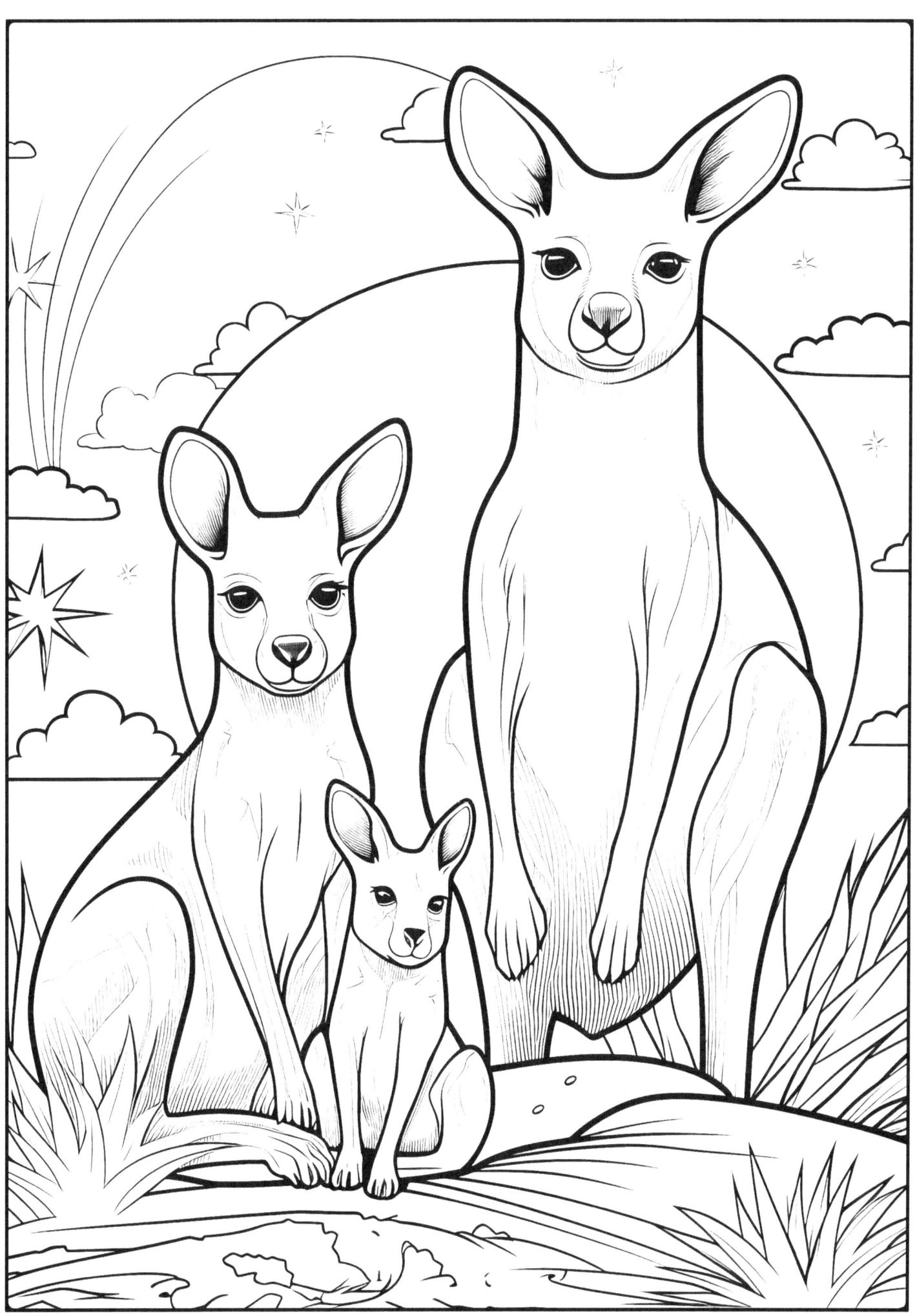

TEST COLOR PAGE

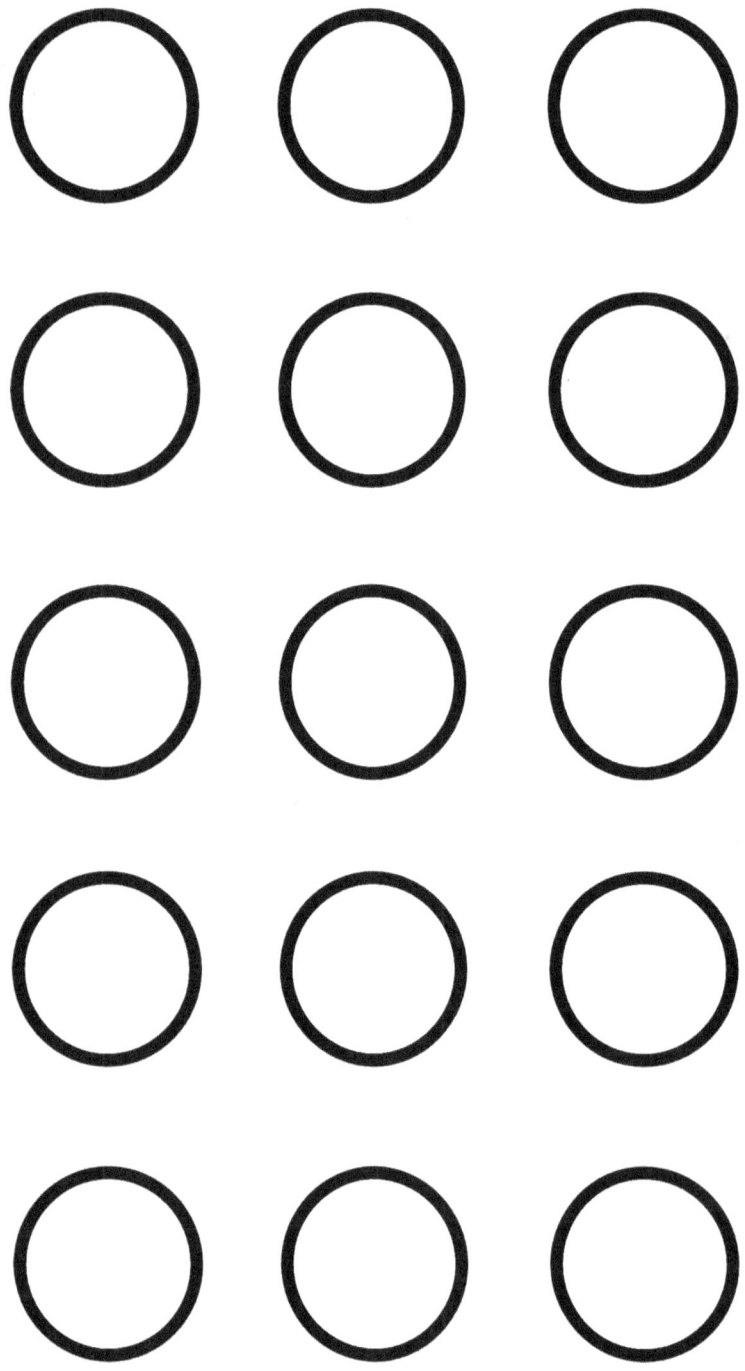

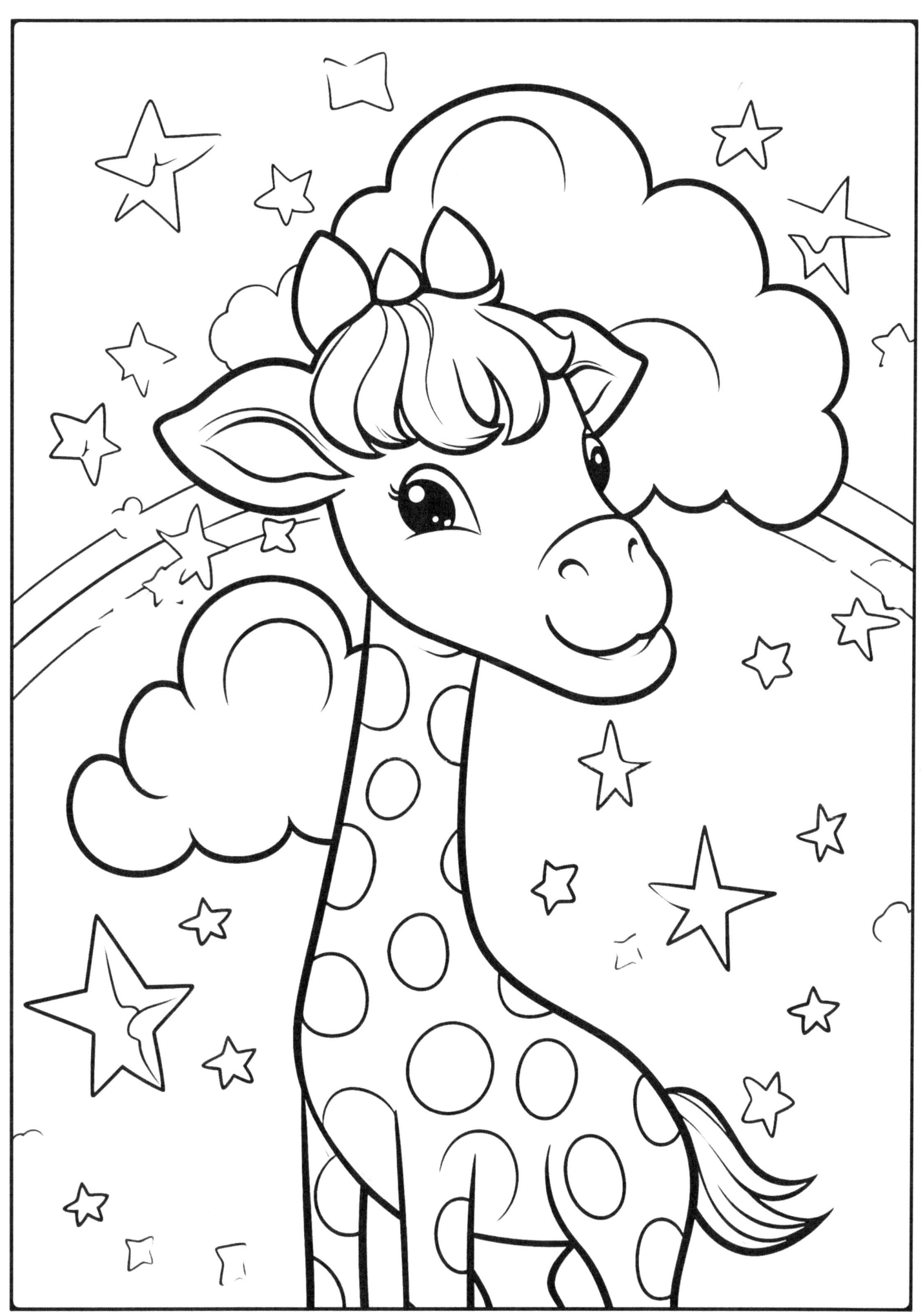

TEST COLOR PAGE

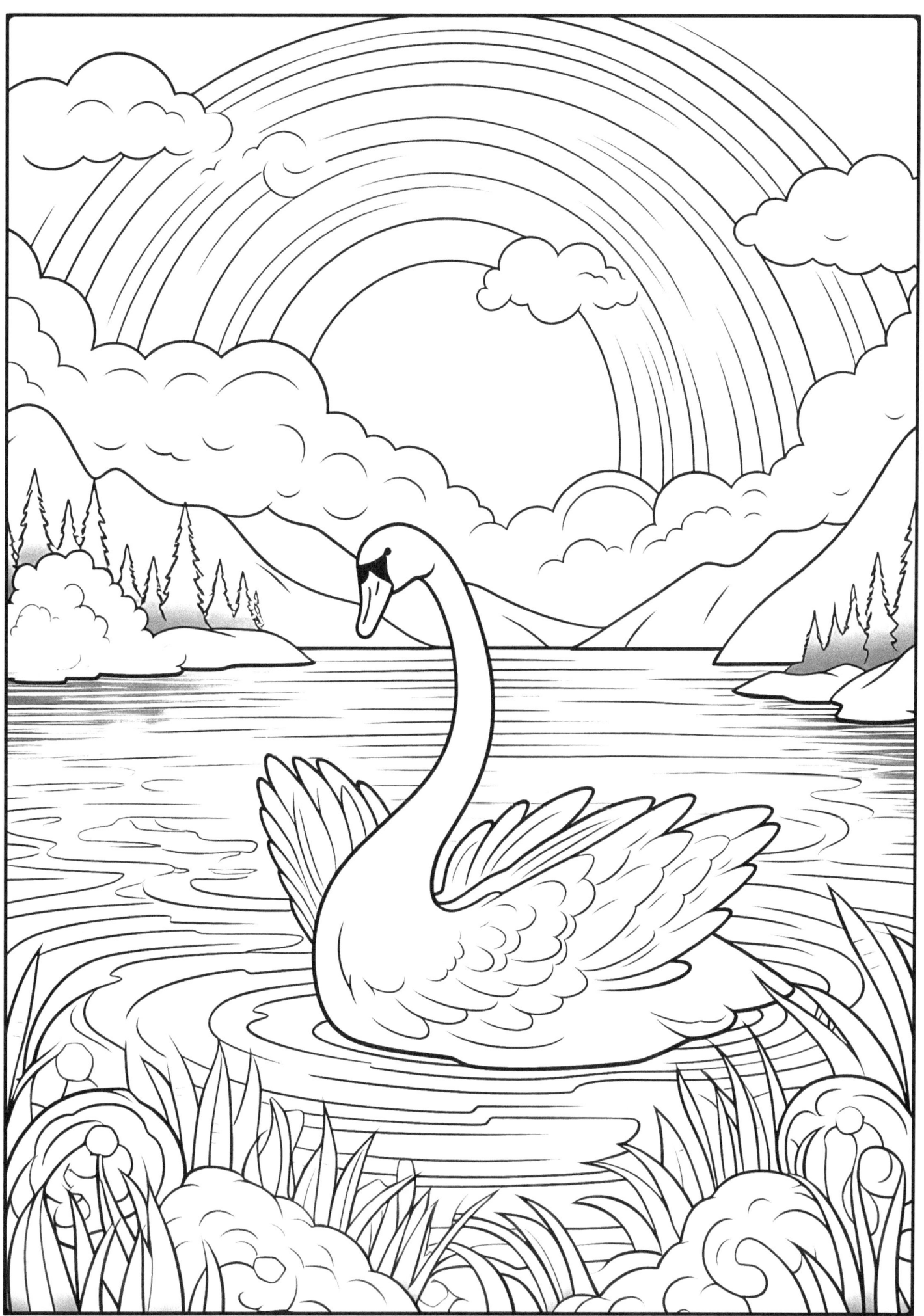

TEST COLOR PAGE

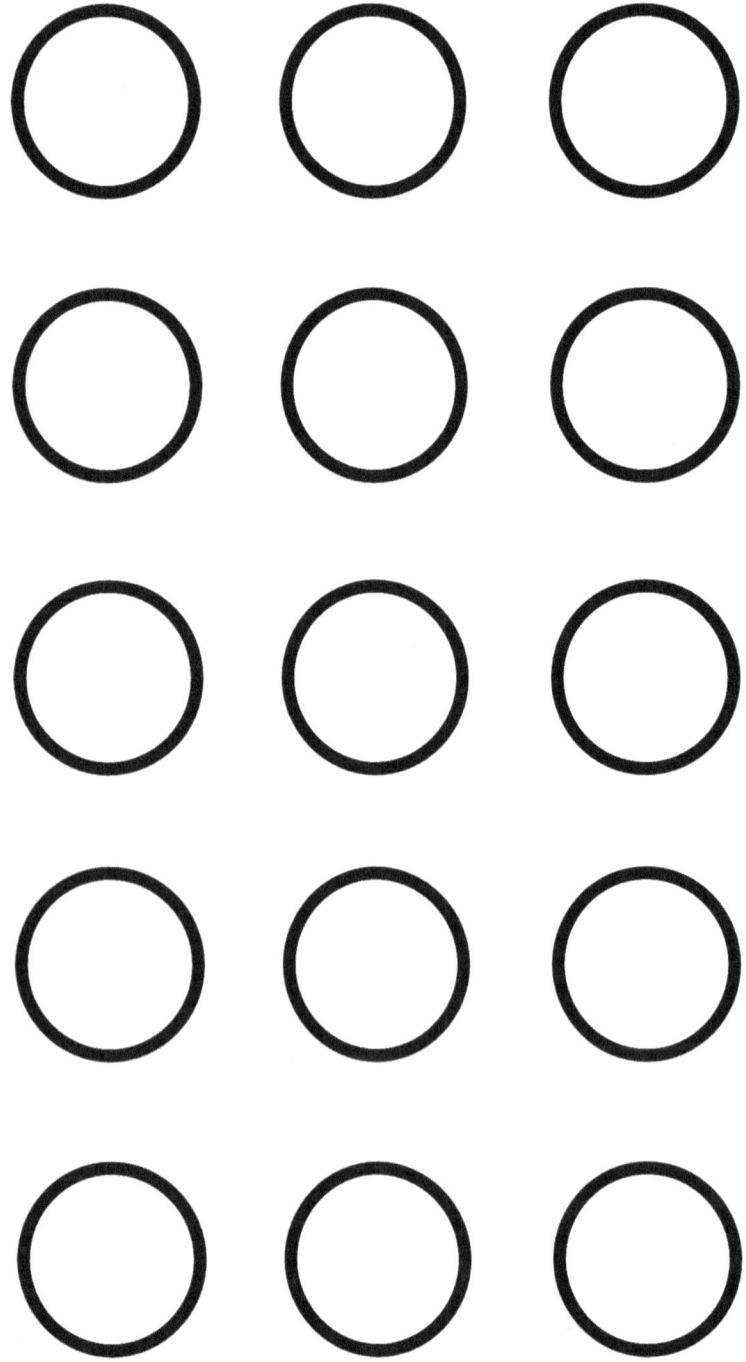

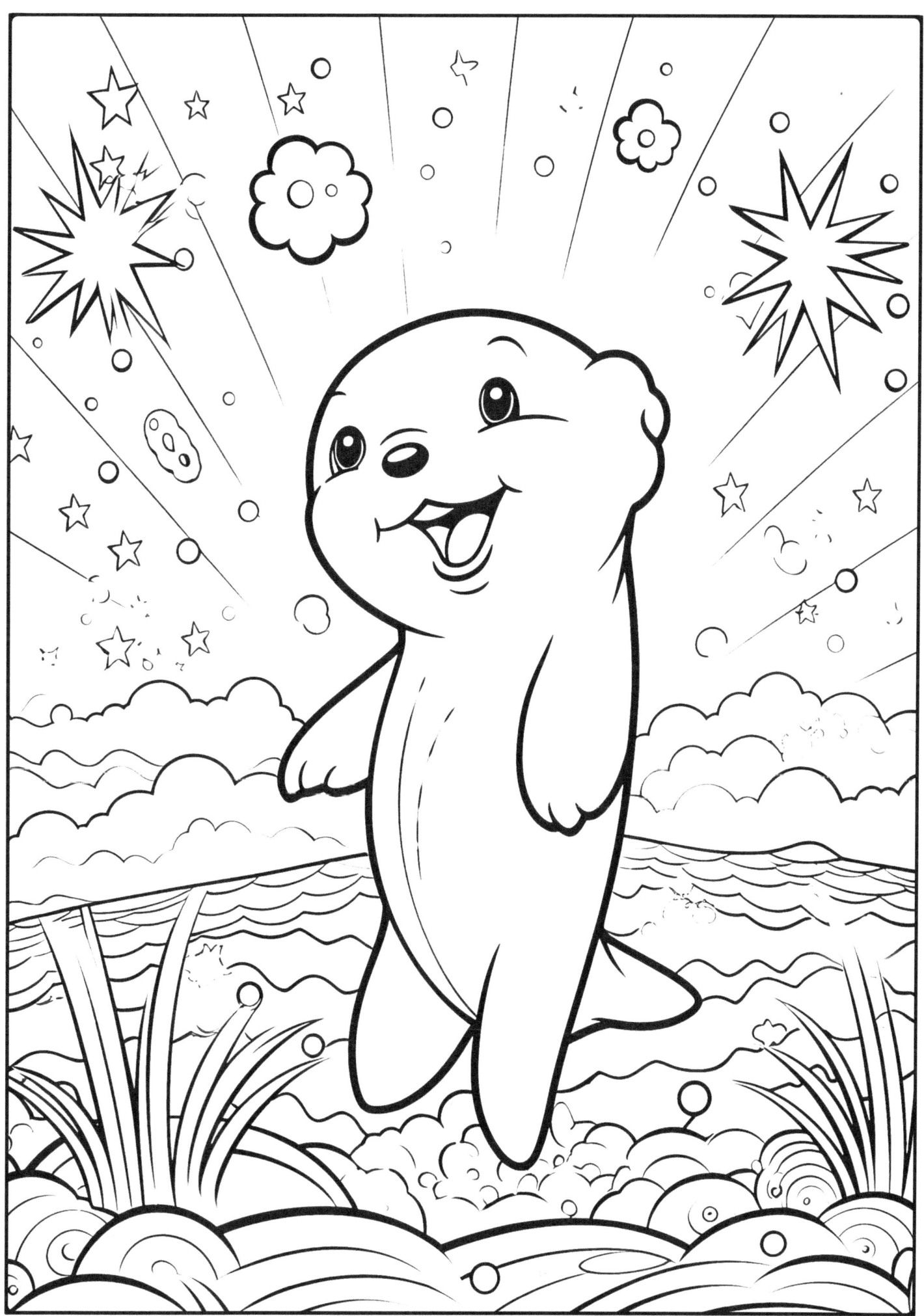

TEST COLOR PAGE

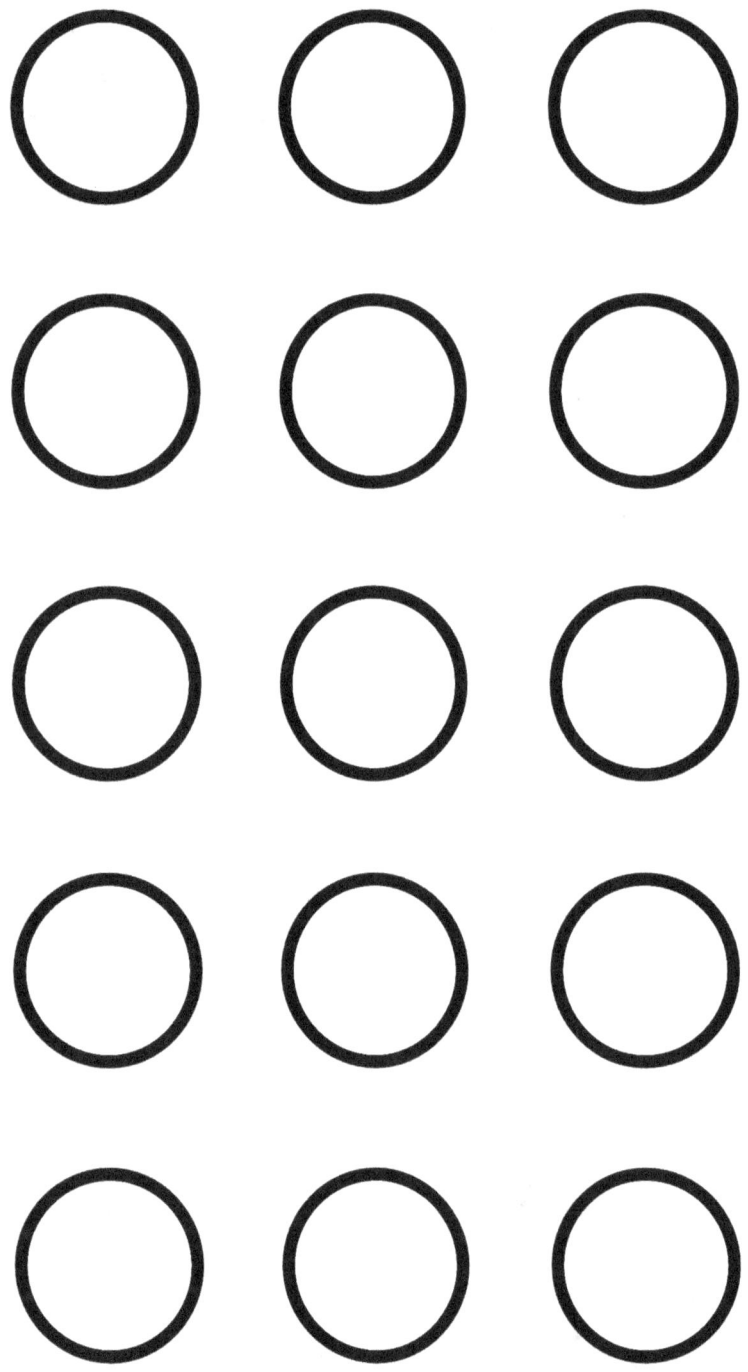

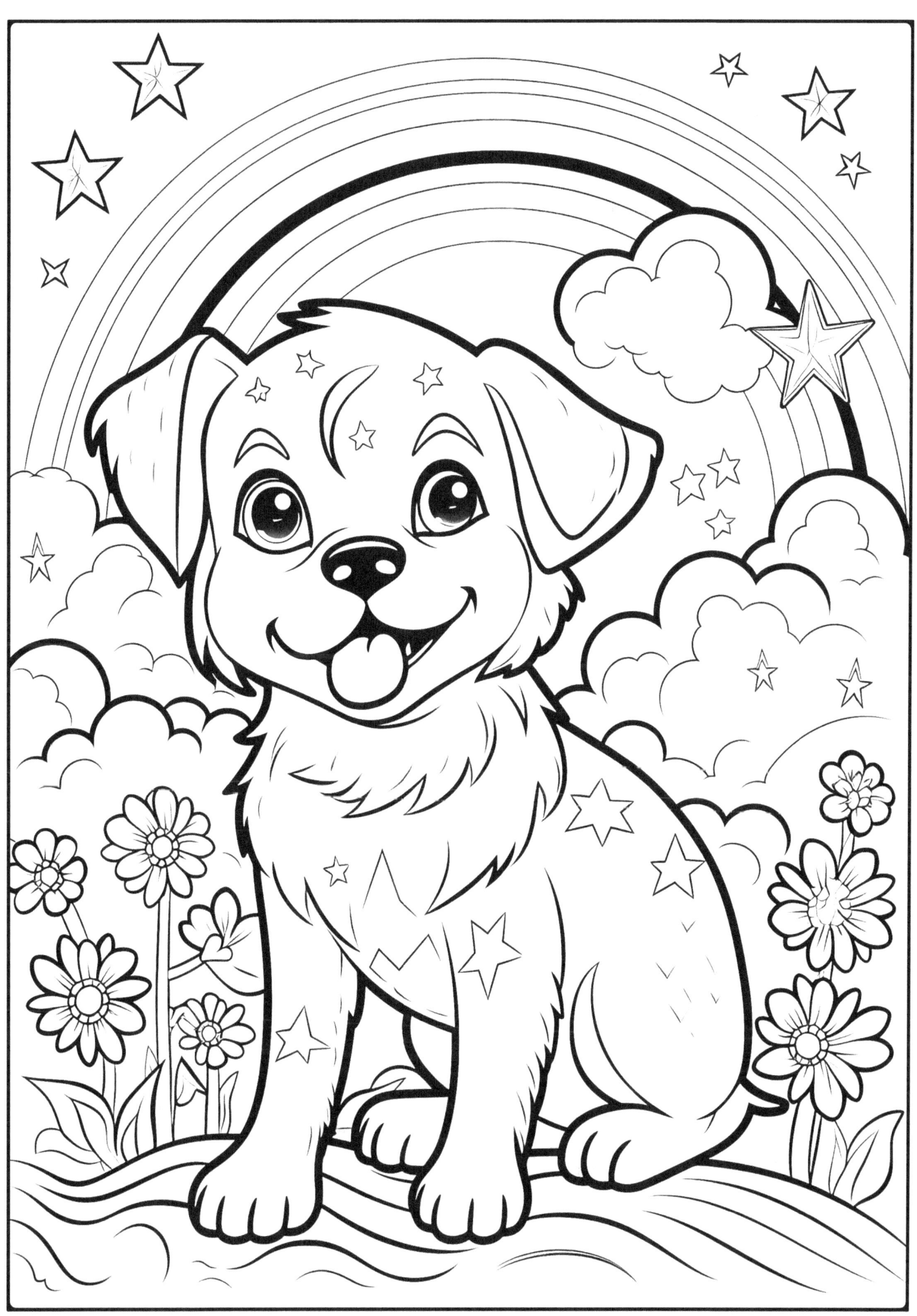

TEST COLOR PAGE

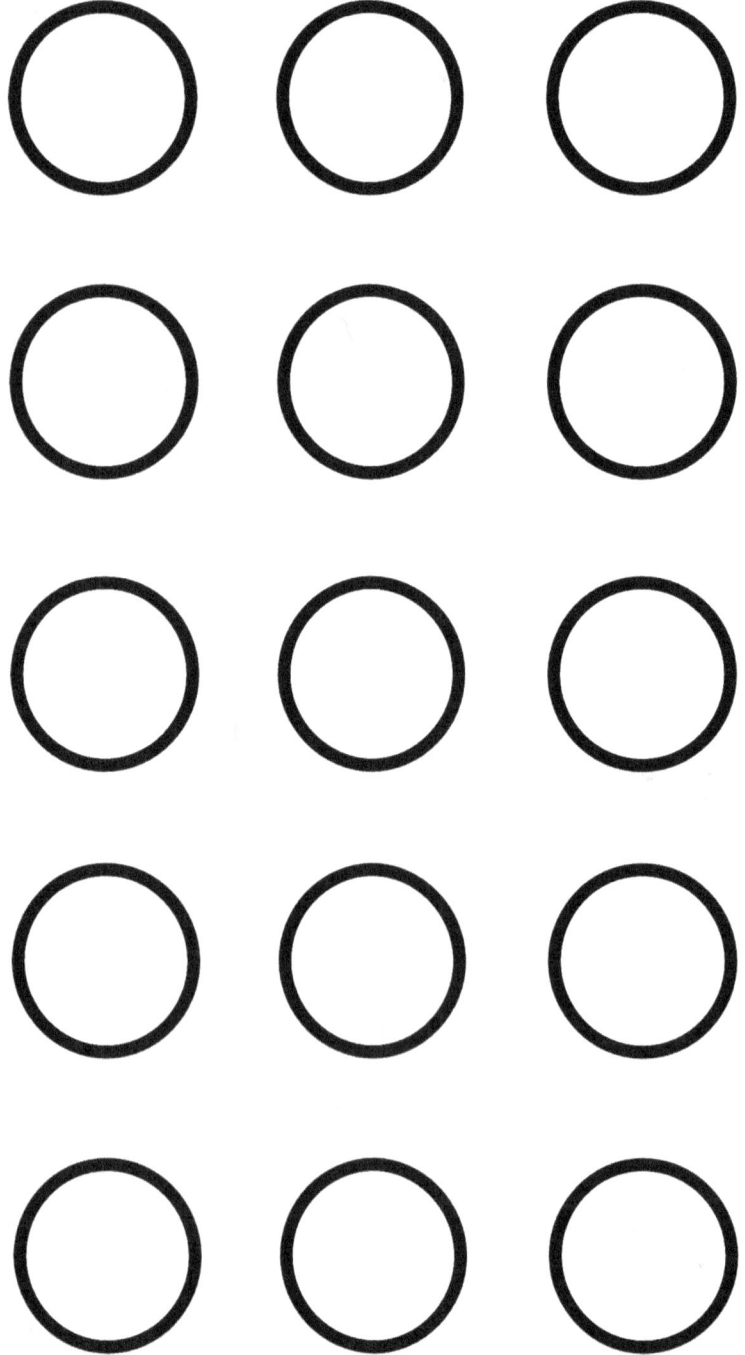

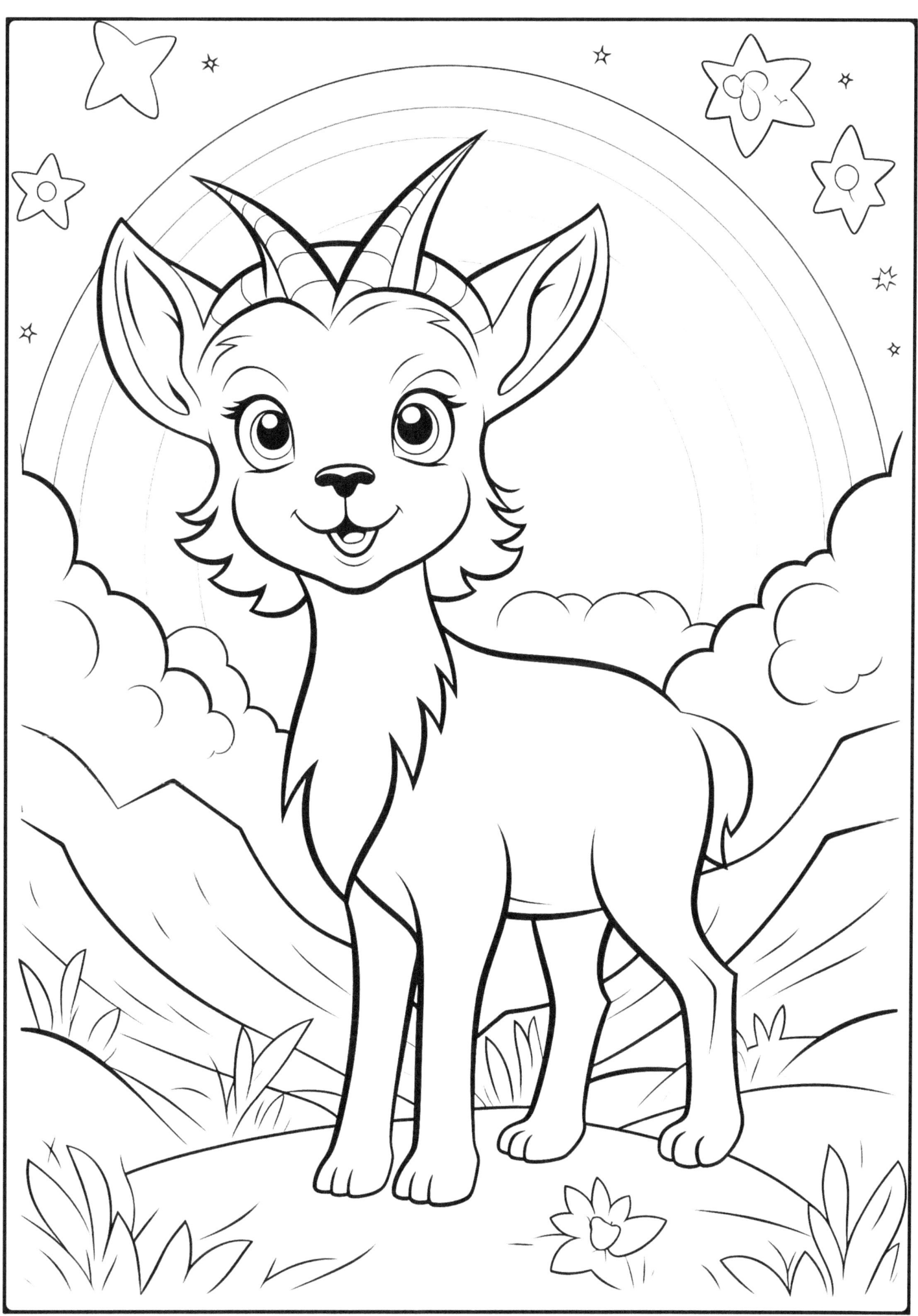

TEST COLOR PAGE

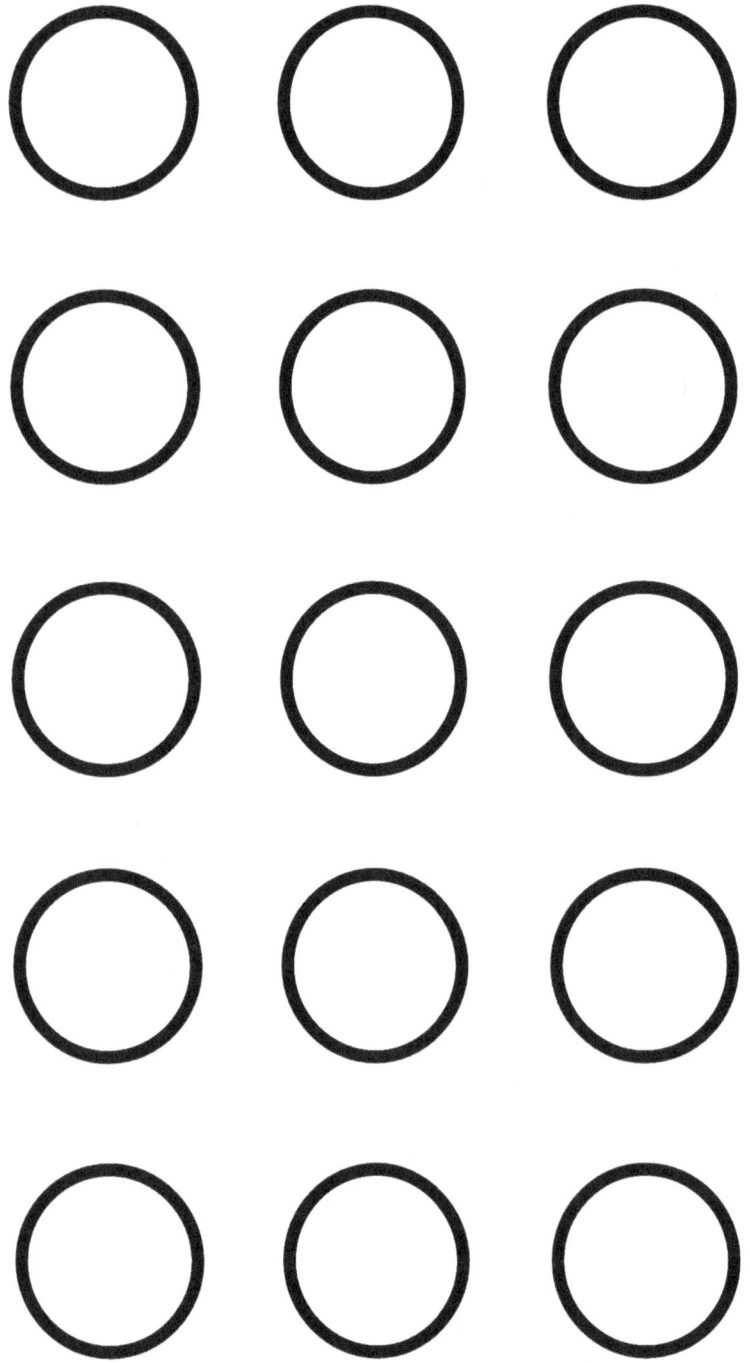

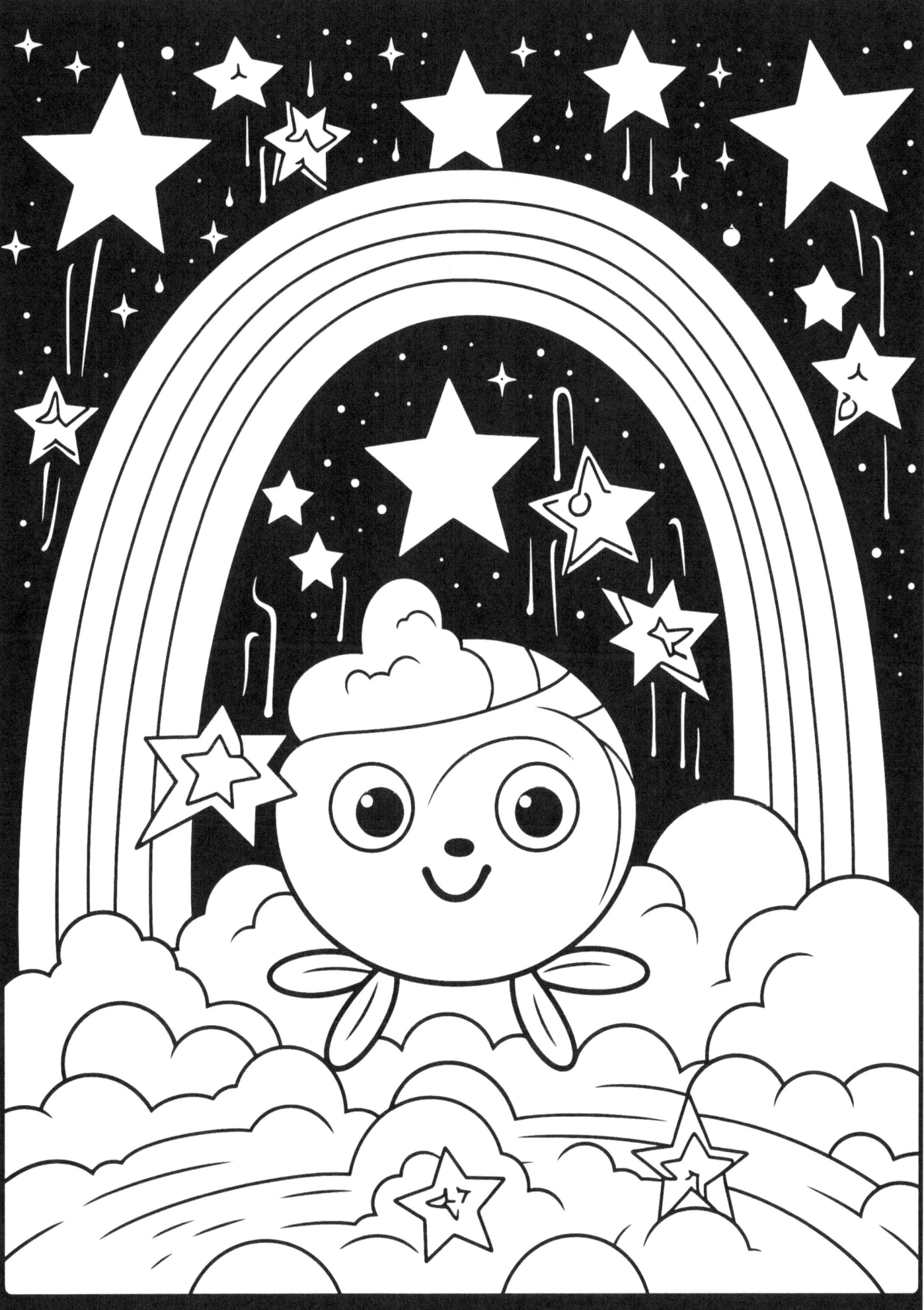